250 Keywords Organisation

250 Keywords Organisation

Grundwissen für Manager

Springer Gabler

ISBN 978-3-658-06990-2   ISBN 978-3-658-06991-9 (eBook)
DOI 10.1007/978-3-658-06991-9

Die Deutsche Nationalbibliothek verzeichnet diese Publikation in der Deutschen Nationalbiblio-
grafie; detaillierte bibliografische Daten sind im Internet über http://dnb.d-nb.de abrufbar.

Springer Gabler

Lektorat: Claudia Hasenbalg

Gedruckt auf säurefreiem und chlorfrei gebleichtem Papier

Springer Gabler ist eine Marke von Springer DE. Springer DE ist Teil der Fachverlagsgruppe
Springer Science+Business Media
www.springer-gabler.de

Autorenverzeichnis

Professor Dr. Thomas Bartscher,
Technische Hochschule Deggendorf, Deggendorf
Themengebiete: Personalwesen, Arbeitswissenschaften

Gustav Greve, Gustav Greve Consulting AG, Berlin
Themengebiet: Organizational Burnout

Professor Dr. Richard Lackes,
Technische Universität Dortmund, Dortmund
Themengebiet: Wirtschaftsinformatik

Professor Dr. Jan Lies,
Macromedia Hochschule für Medien und Kommunikation, München
Themengebiet: Grundlagen und Funktionen der Organisation

Professor Dr. Günter W. Maier, Universität Bielefeld, Bielefeld
Themengebiet: Arbeits- und Organisationspsychologie

Professor Dr. Gerhard Schewe,
Westfälische Wilhelms-Universität Münster, Münster
Themengebiet: Organisation

Dr. Markus Siepermann, Technische Universität Dortmund, Dortmund
Themengebiet: Wirtschaftsinformatik

Dr. Joachim Wichert, aclanz Rechtsanwälte, Frankfurt am Main
Themengebiet: Arbeitsrecht

Ablauforganisation

1. *Begriff:* Der raum-zeitliche Aspekt der Organisation. Die organisationalen Elemente (Handlungsträger, Aufgaben, Sachmittel etc.) sind hinsichtlich des zeitlichen und des räumlichen Ablaufs so zu gestalten, dass alle Arbeitsgänge lückenlos aufeinander abgestimmt sind. Der Gegensatz zur Ablauforganisation ist die Aufbauorganisation.

2. *Regelungen:* Generelle ablauforganisatorische Regelungen sind nur bei regelmäßig wiederholten Vorgängen (Routineprozessen) sinnvoll. Bei sich ändernden organisatorischen Rahmenbedingungen sind ablauforganisatorische Regelungen um Elemente der Flexibilisierung oder Pufferung zu ergänzen.

3. *Hilfsmittel:* Harmonogramm.

Abstimmungskollegialität

Abstimmungsmodus im Rahmen des Kollegialprinzips. Die multipersonale organisatorische Einheit besteht aus gleichberechtigten Handlungsträgern, die sämtliche Entscheidungen nach der Einstimmigkeitsregel oder einem Mehrheitsprinzip gemeinsam treffen.

Abstimmungskosten

Abstimmungskosten treten auf bei prozessbedingten Interdependenzen zwischen organisatorischen Teileinheiten. Als *Koordinationskosten* beeinflussen sie die Effizienz der organisatorischen Steuerung. Ihnen entgegen laufen die Autonomiekosten.

Abteilungsleiter

Handlungsträger als Instanz an der Spitze einer Abteilung.

Anreiz-Beitrags-Theorie

Ein Begriff der Organisationstheorie.

1. *Grundlagen:* Die auf March und Simon (1958) zurückgehende Anreiz-Beitrags-Theorie wird als Theorie des organisatorischen Gleichgewichts interpretiert. Es geht im Kern um die Formulierung der Bedingungen für die

Existenzerhaltung einer Unternehmung (allgemeiner einer Organisation). Die Existenz ist gesichert, wenn es gelingt, für die Organisationsteilnehmer eine ausgeglichene Beziehung zwischen *Anreizen* (Inducements) und *Beiträgen* (Contributions) herzustellen.

2. *Annahmen:*

a) Organisationen werden als Koalitionen verstanden. Wesentliche Koalitionsteilnehmer (Organisationsteilnehmer) sind die Mitarbeiter, Kapitalgeber, Lieferanten, Kunden.

b) Organisationsteilnehmer absolvieren zwei Arten von Entscheidungen: Mit der Beitrittsentscheidung wird entschieden, ob man seine Beiträge für eine spezifische Organisation erbringen möchte. Mit der Leistungsentscheidung wird entschieden, ob man seine Beiträge tatsächlich erbringt.

c) Organisationen haben keine originären Ziele; die Organisationsziele lassen sich auf die Individualziele der Organisationsteilnehmer zurückführen. Diese benutzen gleichsam eine Organisation, um ihre individuellen Ziele zu realisieren (sog. Instrumentalthese).

d) Die Organisationsteilnehmer erbringen jeweils spezifische Beiträge für ihre Organisation (z. B. Arbeitsleistung der Mitarbeiter, Kapitalüberlassung der Investoren). Die Organisation erhält diese Beiträge allerdings nur, wenn sie dafür angemessene Anreize bieten kann (z.B. Arbeitslohn, Zinsen).

e) Es besteht eine generelle Bereitschaft, auftretende Konflikte zu lösen, Konfliktpotenzial zu reduzieren (Harmoniefiktion).

Arbeitsvereinigung

Ein betriebsorganisatorisches Prinzip, das anzuwenden ist, wenn Arbeitsteilungen dazu führen, dass spezialisierte Handlungsträger nicht voll ausgelastet sind, weil im speziellen Arbeitsbereich nicht genügend Arbeit anfällt. Der nicht ausgelasteten Spezialstelle werden ergänzende Hilfs- und Sonderarbeiten übertragen.

Argumentationsrationalität

1. *Begriff:* Kognitive Rationalität von unstrukturierten Entscheidungen, besonders komplexen Managemententscheidungen, welche die Stichhaltigkeit und Überzeugungskraft von Argumenten bei Entscheidungen thematisiert.

2. *Determinanten:* Die Überzeugungskraft von Argumentationen und damit das Niveau der Argumentationsrationalität hängen von der Struktur und der Substanz der vorgetragenen Begründungen ab. Dabei ist im Kern zwischen der Begründungsbreite (Zahl der Argumente pro begründeter Aussage) und der Begründungstiefe (Zahl der durchlaufenen Argumentationsrunden), der Zuverlässigkeit der vorgebrachten Argumente (wahre, bewährte, plausible und mögliche Gründe) und ihrer Ausgewogenheit (Relation von Pro- und Contra-Argumenten) sowie der Angemessenheit der Auflösung von Argumentkonflikten zu trennen.

Aufbauorganisation

1. *Begriff:* Das statische System der organisatorischen Einheiten einer Unternehmung, das die Zuständigkeiten für die arbeitsteilige Erfüllung der Unternehmungsaufgabe regelt. Der Gegensatz ist die Ablauforganisation.

2. Zur *Gestaltung der Aufbauorganisation* werden im Rahmen der Stellenbildung bzw. Abteilungsbildung (Spezialisierung) die organisatorischen Einheiten nach Maßgabe ihrer Kompetenzen voneinander abgegrenzt und durch Handlungsbeziehungen miteinander verknüpft. Je nach Art dieser Abgrenzung und Verknüpfung (Leitungssystem) ergeben sich unterschiedliche Organisationsstrukturen.

Aufgabe

Dauerhaft wirksame Aufforderung an Handlungsträger, festgelegte Handlungen wahrzunehmen.

Aufgabenanalyse

Aufgabengliederung; ein Verfahren der Organisationsmethodik.

1. *Begriff:* Die systematische Zerlegung einer komplexen Aufgabe in verteilungsfähige, d.h. auf Handlungsträger übertragbare Teilaufgaben nach verschiedenen Zerlegungskriterien.

2. *Zweck* der Aufgabenanalyse ist es, die Möglichkeiten der Bildung von Teilaufgaben zu untersuchen, die im Rahmen der anschließenden Aufgabensynthese als „Bausteine" zu Aufgabenkomplexen für Handlungsträger zusammengefasst (Stellenbildung) und raum-zeitlich geordnet (Ablauforganisation) werden können.

3. *Zerlegungskriterien:* Die Aufgabenanalyse kann z.b. nach den Aufgabenmerkmalen Verrichtung (Verrichtungsprinzip), Objekt (Objektprinzip) sowie Rang (Ranggliederung), Phase (Phasengliederung) und Zweck (Zweckgliederung) erfolgen.

Aufgabensynthese

Ein Verfahren der Organisationsmethodik.

1. *Begriff:* Zusammenfassung der durch Aufgabenanalyse gewonnenen Teilaufgaben.

2. *Zweck:* Organisationsgestaltung.

3. *Formen:*

a) Im Rahmen der *aufbauorientierten Aufgabensynthese* (Aufgabensynthese zur Gestaltung der Aufbauorganisation) werden die Teilaufgaben zu Aufgabenkomplexen für gedachte Handlungsträger zusammengefasst (Stellenbildung).

b) Mithilfe der *ablauforganisatorischen Aufgabensynthese* (Aufgabensynthese zur Gestaltung der Ablauforganisation) werden die Teilaufgaben räumlich und zeitlich unter Berücksichtigung ihrer Interdependenzen mit den Teilaufgaben anderer Handlungsträger geordnet.

Auftrag

Organisatorisches Hilfsmittel der Betriebssteuerung: Die beauftragte Stelle wird zur Ausführung einer Leistung verpflichtet.

Bestimmte Funktionsstellen (Instanzen) haben dabei das Recht, Aufträge zu erteilen. Die Auftragserteilung kann sowohl schriftlich als auch mündlich erfolgen.

Ausnahmeregelung

Die situationsabhängige Behandlung eines Einzelfalls, die (eigentlich) den Regelungen der Organisation zuwiderläuft.

Autonomiekosten

Autonomiekosten treten auf bei prozessbedingten Interdependenzen zwischen nicht koordinierten organisatorischen Teileinheiten. Autonomiekosten beeinflussen die Effizienz autonomer Entscheidungsfindung organisatorischer Teileinheiten.

_B-E

Befehlsgewalt

Veralteter Ausdruck für Weisungsbefugnis.

Befehlsweg

Befehlskette; veralteter Begriff der Organisation für die vertikale Kommunikationsbeziehung zur Übermittlung von Weisungen.

Beschaffungsorganisation

Teilbereichsorganisation für den betrieblichen Funktionsbereich „Beschaffung". Die Hierarchieebene unterhalb der Beschaffungsleitung kann z.b. nach Beschaffungsmärkten, -handlungen (z.b. Warenannahme) oder verschiedenen mit den beschafften Produktionsfaktoren herzustellenden Produkten gegliedert werden (Segmentierung).

Betriebliche Willensbildung

Diejenigen Anordnungen und bestimmenden Maßnahmen, die zur Erreichung der Unternehmensziele notwendig sind. Träger der betrieblichen Willensbildung sind die Eigentümer des Unternehmens oder die von ihnen mit der Geschäftsführung betrauten Manager. Die Autonomie der betrieblichen Willensbildung wird durch die vom Gesetzgeber verfassten Regelungen eingeschränkt. Dies gilt besonders für die Regelungen des Betriebsverfassungsgesetzes (BetrVG) und des Mitbestimmungsgesetzes (MitbestG).

Betriebsorganisation

Betriebsgliederung; Gestaltung des inneren Betriebsgeschehens nach bestimmten Ordnungsprinzipien.

Board System

Spezifische Organisationsverfassung der Unternehmensführung. Das Board System vereinigt Geschäftsführung und Kontrolle in einem Gremium *(Vereinigungsmodell).* Der Gegensatz zum Board System ist das Aufsichtsratssystem. Neudeutsch bezeichnet man das mit den beiden Gegensatzbegriffen *One-Tier*-Modell und *Two-Tier*-Modell.

1. *Rechtlich* vertritt der *Board of Directors* in der US-amerikanischen Corporation (Aktiengesellschaft (AG)) das Unternehmen nach außen; ihm obliegt:

(1) Wahl und Abberufung der Officers (Leitende Angestellte), i.d.R. President, Vice-President, Secretary, Treasurer und Controller;

(2) Verwaltung des Vermögens der Corporation im Interesse der Aktionäre;

(3) Formulierung der langfristigen Unternehmenspolitik und Kontrolle der Zielerreichung;

(4) Entscheidung über die Gewinnverwendung (Ausschüttung, Thesaurierung);

(5) Berichterstattung an die Aktionäre.

2. In der *Praxis* besteht der Board aus Inside-Directors (hauptberufliche Manager) und ehrenamtlichen Outside Directors; Geschäftsführung und Macht obliegen faktisch dem Inside-Director (Managerherrschaft).

3. Trends zur *Trennung von Geschäftsführung und Kontrolle* kommen zum Ausdruck in Begriffen wie Audit Committee, Monitoring Model, Non-Executive Directors oder Two-Tier Board.

4. *Gründe* für die Entwicklung: Ungelöste Kontrollprobleme des Vereinigungsmodells (keine institutionalisierte Fremdkontrolle); Professionalisierung des Managements; interessenpluralistische Öffnung des Board (Mitbestimmung); zunehmende personelle Verflechtungen. Daher rechtspolitische Forderungen zur binnenorganisatorischen Aufspaltung in „Management Board" und „Supervisory Board", dem Kontrolle und Mitwirkung bei wichtigen unternehmenspolitischen Entscheidungen obliegt. Insofern Annäherung an das Aufsichtsratssystem.

Business Process Reengineering

Analyse der Ablauforganisation und der Aufbauorganisation eines Unternehmens im Hinblick auf seine Orientierung an Geschäftsprozessen. Dabei wird besonders das Gestaltungspotenzial der Informationstechnologie dazu genutzt, Geschäftsprozesse neu zu organisieren und massive organisatorische Änderungen vorzunehmen. Ziel ist es, die Zahl der organisatorischen Schnittstellen zu minimieren. Der Geschäftsprozess (Kernprozess) wird zum zentralen Strukturierungskriterium der Organisation. Es reicht nicht aus, vorhandene Abteilungen zu reorganisieren und überkommene Abläufe zu optimieren; vielmehr ist eine völlige Neugestaltung der wesentlichen Unternehmensprozesse notwendig, d.h. jener Tätigkeiten, die zusammengenommen einen Wert für die Kunden schaffen. Ausgangspunkt des Business Process Reengineering ist daher eine konsequente Kundenorientierung.

CFO

Abkürzung für *Chief Financial Officer*, deutsch: Finanzvorstand.

Change Agent

Bezeichnung für den Berater im Prozess der Organisationsentwicklung. Abweichend vom klassischen Klient-Berater-Verhältnis bringt sich der Change Agent in den Entwicklungsprozess ein und beeinflusst diesen, indem er forciert, steuert, bremst etc. Der Change Agent muss über die Techniken der Verhaltenssteuerung verfügen.

Change Communications

1. *Begriff:* Change Communications bezeichnet das Kommunikations- und Verhaltensmanagement zur Unterstützung tiefgreifender Veränderungssprozesse von Unternehmensstrategien und -strukturen an aktualisierte Rahmenbedingungen (Change Management).

2. *Ziel:* Das Ziel von Change Communications ist, auf weiche Faktoren von Organisationen Einfluss zunehmen. Weiche Faktoren wie Meinungen, Stimmungen und Emotionen sind das Ergebnis gruppendynamischer Prozesse, die geeignet sind, die geplante Zielerreichung des Veränderungsprozesses negativ und positiv zu beeinflussen.

3. *Aspekte:* Die Entstehung erfolgskritischer weicher Faktoren lässt sich mit kollektivierbaren mentalen Modellen erklären. In der

kognitionspsychologischen Forschung beschreiben sie als individuelle Speicher handlungsleitenden Wissens den Zusammenhang zwischen individueller Wahrnehmung, Interpretation und Handlung. Durch Sozialisierung können diese individuellen Konstrukte sich einander annähern. Sie werden so zu kollektivierten mentalen Modellen und können personenübergreifende Bewertungen von sachlichen und persönlichen Aspekten im Veränderungsprozess hervorrufen. Damit können sie konvergentes Verhalten von Promotoren und Widerständlern als Gruppen in einem Change-Prozess erklären.

4. *Instrumente:* Durch die Handlungsrelevanz persönlicher und sachlicher Bewertungen von Veränderungsprozessen in Führungskräfte- und/oder Mitarbeitergruppen umfasst Change Communications die Einflussnahme auf informative, edukative und emotionale Aspekte. Dies erfordert, Change Communications als disziplinenübergreifende Disziplin mit Kommunikation (persönliche, mediale und instrumentelle Kommunikation) und Verhaltensmanagement (Führungsstil, Anreizsetzung etc.) anzuwenden.

5. *Abgrenzung:* Change Communications ist also eine anlassbezogene, prozessuale, interdisziplinäre und damit kampagnennahe Kommunikationsmanagementdisziplin, die Change Management mit der Einflussnahme auf weiche Faktoren unterstützt.

Change Management

Laufende Anpassung von Unternehmensstrategien und -strukturen an veränderte Rahmenbedingungen. Wandel repräsentiert heute in Unternehmen nicht mehr den Sondervorgang, sondern eine häufig auftretende Regelerscheinung. Alle Prozesse der globalen Veränderung, sei es durch Revolution oder durch geplante Evolution, fallen in das Aufgabengebiet des Change Managements.

Zu den harten, revolutionären Ansätzen zählen die Modelle der Corporate Transformation und Business Transformation, die innerhalb des Reengineering propagiert werden. Weiche, stärker evolutionär angelegte

Ansätze stammen aus der Organisationsentwicklung. Sie war über Jahrzehnte das dominierende Paradigma des Change Managements. Charakteristisch für Organisationsentwicklung ist das Harmoniepostulat zwischen den Zielsetzungen des Unternehmens und der betroffenen Mitarbeiter.

Delegation

Die Übertragung von Kompetenz (und Verantwortung) auf hierarchisch nachgeordnete organisatorische Einheiten, auch als Kompetenzdelegation bezeichnet. Der Delegationsgeber hat darauf zu achten, ob der Delegationsnehmer von seiner Kompetenz und Motivation her zur selbstständigen Erfüllung der zu übertragenden Aufgaben fähig ist.

Delegationsbereich

Kompetenzbereich; Bereich, der einer organisatorischen Einheit aufgrund der Delegation zugewiesen worden ist.

Dezentralisation

Begriff der Organisation: Die Verteilung von Teilaufgaben auf verschiedene Stellen, die im Hinblick auf die Merkmale einer Aufgabe, z.B. Verrichtungsaspekt (Verrichtungsprinzip), Objektaspekt (Objektprinzip) oder räumlicher Aspekt, gleichartig sind. Dezentralisation nach einem Kriterium ergibt zugleich eine Zentralisation nach einem der übrigen Aufgabenmerkmale.

Dienstanweisung

Hilfsmittel im Rahmen der Organisation, mit dem die Erledigung von solchen Geschäftsvorfällen im Voraus genau festgelegt wird, die sich häufig wiederholen, sodass sich Arbeitsanweisungen erübrigen. Die Dienstanweisung wird meist schriftlich festgehalten. Sie enthält die Bestimmung von Zuständigkeit, Termin und Form der Erledigung.

Dienstleistungsunternehmen

Dienstleistungsbetriebe; Unternehmen, die Dienstleistungen erstellen und verkaufen.

Sie gliedern sich in:

(1) Handelsunternehmen;

(2) Verkehrsbetriebe, Telekommunikationsunternehmen;

(3) Banken;

(4) Versicherungsgesellschaften;

(5) sonstige Dienstleistungsunternehmen, wie Gaststätten- und Beherbergungsgewerbe, Schneider, Friseure, Theater, Kinos, Schulen, Krankenhäuser, Wohnungsvermietungen, ferner die freien Berufe, wie Ärzte, selbstständige Wirtschaftsprüfer, Kommissionäre, Makler, Agenten.

Dienstweg

Begriff der Organisation für den meist starr vorgeschriebenen Kommunikationsweg.

Direktor

In der Praxis verbreiteter, aber bezüglich des betroffenen Personenkreises uneinheitlich verwendeter Titel für bestimmte herausgehobene Mitglieder der Führungshierarchie. Teils werden der Leiter der Unternehmung (Generaldirektor), häufiger die Handlungsträger an der Spitze größerer organisatorischer Teilbereiche als Direktor bezeichnet, wobei zusätzliche Abstufungen (z.B. Abteilungsdirektor) weitere Statusdifferenzierungen zum Ausdruck bringen können.

Direktorialprinzip

Ein Verfahren der hierarchischen Willensbildung (Hierarchie) in organisatorischen Einheiten, in denen mehrere Handlungsträger zusammengefasst sind. Entscheidungen, die die multipersonale Organisationseinheit als Ganzes betreffen, werden allein von der Singularinstanz an der Spitze des organisatorischen Teilbereichs, der die restlichen zur Einheit gehörenden

Handlungsträger hierarchisch untergeordnet sind, getroffen. Der Gegensatz ist das Kollegialprinzip.

Disposition

Die situationsabhängige Regelung eines Einzelfalls im Rahmen der dauerhaft und umfassend angelegten Organisation (instrumentaler Organisationsbegriff). Das Verhältnis von Organisation zu Disposition bestimmt den Organisationsgrad.

Dispositionsfähigkeit

Zielkriterium für die Messung der organisatorischen Effizienz. Die durch die Organisation beeinflusste Fähigkeit einer Unternehmung, rechtzeitig auf Veränderungen im Entscheidungsfeld reagieren zu können.

Dispositiver Faktor

Nach Gutenberg die Bezeichnung für denjenigen Produktionsfaktor, der die Elementarfaktoren menschliche Arbeitskraft, Betriebsmittel und Werkstoffe kombiniert. Die Kombination der Elementarfaktoren erfolgt durch die Geschäftsführung, wobei diese sich der Planung und Organisation als Hilfsmittel bedient. Geschäftsleitung, Planung und Organisation bilden den dispositiven Faktor.

Division

1. *Division im weiteren Sinne*: Organisatorischer Teilbereich, der nach dem Objektprinzip gebildet ist.

2. *Division im engeren Sinne*: Synonym für Sparte.

Divisionalorganisation

1. *Divisionalorganisation im weiteren Sinne*: Organisationsmodell, das nach dem Objektprinzip gebildet ist.

2. *Divisionalorganisation im engeren Sinne*: Synonym für Spartenorganisation.

Eigenverantwortlichkeit

Eigenverantwortlichkeit ist dadurch gekennzeichnet, dass jeder Handlungs- bzw. Entscheidungsträger nur für seine eigenen Handlungen bzw. Entscheidungen verantwortlich ist. Auf den Ebenen unterhalb der Spitze der Hierarchie entsteht Eigenverantwortlichkeit durch Delegation von Handlungs- und Entscheidungskompetenzen.

Eindimensionale Organisationsstruktur

Eine Organisationsstruktur, bei der durch Verwendung nur eines Kriteriums für die Kompetenzabgrenzung auf einer Hierarchieebene organisatorische Teilbereiche gebildet werden, die nur auf einen Handlungsaspekt ausgerichtet sind.

Einliniensystem

1. *Begriff:* Die Grundform eines Leitungssystems, bei der hierarchisch untergeordnete organisatorische Einheiten Weisungen nur von jeweils einer übergeordneten Instanz erhalten (Einlinienprinzip, Instanzenweg). Das Einliniensystem geht zurück auf das von Fayol geprägte Prinzip der Einheit der Auftragserteilung.

2. *Vorteile:* Klare Unterstellungsverhältnisse; eindeutige und übersichtliche Abgrenzung von Kompetenz und Festlegung von Kommunikationswegen.

3. *Nachteile:* Eventuell Überlastungen, mangelnde Spezialisierung der Zwischeninstanzen, Schwerfälligkeiten im Kommunikations- und Entscheidungsprozess (Dispositionsfähigkeit), Informationsfilterung.

Employer Branding

1. *Begriff:* Employer Branding kennzeichnet den Aufbau und die Pflege von Unternehmen als Arbeitgebermarke.

2. *Ziel:* Angesichts des zunehmenden Personal- und Fachkräftemangels sowie Talentwettbewerbs vieler Branchen und Unternehmen, dienen der Aufbau und die Pflege einer Arbeitgebermarke dazu, sich gegenüber Mitarbeitern und möglichen Bewerbern als attraktiver Arbeitgeber

zu positionieren, um so einen Beitrag zur Mitarbeitergewinnung und –bindung zu leisten.

3. *Aspekte:* Die Anwendung des Markenmanagements als Employer Branding findet sich in der Literatur einschlägig seit Mitte der 1990er-Jahre. Betont wird hierbei die nachhaltige Formulierung und Einlösung von Leistungsversprechungen für aktuelle und künftige Arbeitnehmer. Mit der Ausweitung des Markenkonzepts findet zugleich eine Debatte von Gemeinsamkeiten und Unterschieden der Arbeitgebermarkenbildung und des Personalmarketings statt. Wenn man Personalmarketing in Anlehnung an das Marketingverständnis als marktorientierte Unternehmensführung bezeichnet, so ist das Personalmarketing eine arbeitsmarktorientierte Managementdisziplin mit dem Ziel, Mitarbeiter für eine Organisation zu gewinnen. In Theorie und Praxis wird aber die Personalbindung zum Teil zum Personalmarketing hinzugerechnet, sodass es über die eigentliche Personalrekrutierung am Arbeitsmarkt hinausreicht. Man könnte daher die Arbeitgebermarkenbildung als Instrument des Personalmarketings verstehen, das in Form des Arbeitgebermarkenversprechens die Ausgestaltung des Personalmarketingmix prägt.

Entscheidungsdezentralisation

Dezentralisierung von Entscheidungskompetenzen auf verschiedene Stellen.

1. *Entscheidungsdezentralisation im weiteren Sinne:* Verteilung der Entscheidungskompetenz auf mehrere Instanzen.

2. Entscheidungsdezentralisation *im engeren Sinne:* Verteilung der Entscheidungskompetenz auf eine niedrige hierarchische Ebene.

Entscheidungseinheit

Organisatorische Einheit mit Entscheidungskompetenz.

Entscheidungshierarchie

Die Hierarchie der organisatorischen Entscheidungseinheiten, die im Rahmen der Organisationsgestaltung entsteht und der arbeitsteiligen Lösung der komplexen Entscheidungsaufgabe der Unternehmung dient. Durch horizontale (Spezialisierung) und vertikale (Delegation) Aufteilung dieses Gesamtentscheidungssystems werden hierarchisch geschichtete Teilentscheidungsprobleme gewonnen und den Entscheidungseinheiten zusammen mit den entsprechenden Entscheidungskompetenzen übertragen.

Entscheidungskompetenz

Kompetenz für die Durchführung von Entscheidungshandlungen.

Entscheidungszentralisation

Zentralisierung von Entscheidungskompetenzen bei einer Stelle.

1. *Entscheidungszentralisation im weiteren Sinne:* Bündelung von Entscheidungskompetenz bei einer Stelle.

2. *Entscheidungszentralisation im engeren Sinne:* Bündelung von Entscheidungskompetenzen bei einer Stelle, die auf einer hierarchisch höheren Ebene angesiedelt ist.

Entwicklungsorganisation

Organisation des organisatorischen Teilbereichs, in welchen die unternehmerischen Entwicklungsaufgaben zentralisiert sind. Die Ebene der Hierarchie unterhalb der Leitung der Entwicklungsabteilung kann z.B. nach unterschiedlichen Märkten, technologischen Verfahren oder (zu entwickelnden) Produkten gegliedert werden (Spezialisierung).

Fachausschuss

Gruppe von sachverständigen Personen, die zur Prüfung spezifischer Fragen und/oder zur Ausarbeitung von Gutachten zusammentritt:

(1) innerhalb der Regierung;

(2) innerhalb des Parlaments (Bundestagsausschüsse);

(3) innerhalb von Interessenverbänden oder politischen Parteien;

(4) innerhalb von Unternehmungen (Gremium).

Fayol-Brücke

Eine auf Fayol zurückgehende horizontale Kommunikationsbeziehung zwischen Handlungsträgern der gleichen Ebene der Hierarchie, mit der, zur Steigerung der Dispositionsfähigkeit, von der strengen Anwendung des Einliniensystems abgewichen wird.

Fertigungsorganisation

Produktionsorganisation; Organisation des organisatorischen Teilbereichs, in welchem die unternehmerischen Fertigungsaufgaben zentralisiert sind. Die Ebene der Hierarchie unterhalb der Leitung der Fertigungsabteilung kann z.B. nach unterschiedlichen Ressourcen (z.B. Werken), Fertigungsverfahren oder herzustellenden Produkten gegliedert werden (Spezialisierung).

Fokales Unternehmen

Zentrales Unternehmen in einem strategischen Netzwerk, dem die Aufgabe der Selektion bei der Aufnahme von Unternehmen in das Netzwerk, die Koordination der spezialisierten Aktivitäten der Netzwerkunternehmen sowie die Steuerung des Wissenstransfers und die Evaluierung der erbrachten Leistungen innerhalb des Netzwerkes zufällt.

Forschungsorganisation

Organisation des organisatorischen Teilbereichs, in welchem die unternehmerischen Forschungsaufgaben zentralisiert sind. Die Ebene der

Hierarchie unterhalb der Leitung der Forschungsabteilung kann z.b. nach unterschiedlichen Ressourcen (etwa Laboratorien), nach Grundlagenforschung und angewandter Forschung oder nach unterschiedlichen Forschungsgegenständen gegliedert werden (Spezialisierung).

Führungsentscheidung

Entscheidung, die nach Gutenberg durch folgende *Merkmale* gekennzeichnet ist:

(1) Führungsentscheidungen haben Bedeutung für die Vermögens- und Ertragslage der Unternehmung;

(2) Führungsentscheidungen sind auf das Unternehmen als Ganzes gerichtet;

(3) Führungsentscheidungen sind nicht delegierbar.

Beispiele: Entscheidungen im Rahmen der Unternehmenspolitik, Koordinierung der organisatorischen Teilbereiche, geschäftliche Maßnahmen von außergewöhnlicher betrieblicher Bedeutsamkeit, Besetzung von Führungspositionen.

Funktion

Teilaufgabe zur Erreichung des Unternehmungsziels.

Beispiele: Beschaffung, Produktion, Absatz, Verwaltung.

Funktion als Grundlage der Organisationsstruktur: Funktionalorganisation.

Funktionalorganisation

1. *Begriff:* Organisationsmodell (Organisationsstruktur), bei dem die Kompetenz aufgrund verrichtungsorientierter Spezialisierung nach betrieblichen Funktionen (wie Beschaffung, Produktion, Absatz und Verwaltung) gegliedert wird. Bei reiner Funktionalorganisation entstehen somit auf der zweiten Hierarchieebene organisatorische Teilbereiche, in denen jeweils die Kompetenz für eine betriebliche Funktion im Hinblick auf sämtliche im Unternehmen hergestellten Produkte zusammengefasst ist (vgl. Abbildung „Funktionalorganisation - Grundmodell").

Funktionalorganisation – Grundmodell

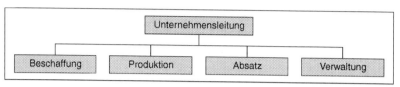

2. *Beurteilung der organisatorischen Effizienz:* Die Vorteilhaftigkeit einer Funktionalorganisation hängt vom Grad der Homogenität des Produktprogramms (Diversifikationsgrad) ab.

a) Die Funktionalorganisation ermöglicht, bei einem homogenen Produktprogramm, die Nutzung funktionsbezogener Synergieeffekte (z.B. Beschaffungssynergien). Diese Synergieeffekte sind gewöhnlich höher als die Koordinationskosten, die aufgrund der innerbetrieblichen Leistungsverflechtungen zwischen den betrieblichen Funktionsbereichen anfallen. Je heterogener das Produktprogramm, desto ungünstiger wird das Verhältnis von Synergieeffekten und Koordinationskosten.

b) Bei dynamischen Umwelten hängt die organisatorische Effizienz von der Fähigkeit zur rechtzeitigen Reaktion auf Umweltveränderungen ab. Mit steigender Heterogenität des Produktprogramms und wachsender Umweltdynamik stellen jedoch Koordinationsanforderungen eine rechtzeitige, die spezifischen Belange der einzelnen Produkte und Märkte ausreichend berücksichtigende Reaktion auf Änderung und Umwelt zunehmend in Frage.

c) Eine Modifizierung der Funktionalorganisation in Richtung einer mehrdimensionalen Organisationsstruktur oder der Übergang zu einer reinen Sparten- oder Regionalorganisation kann somit geboten sein.

Funktionendiagramm

1. *Begriff:* Spezielles aufbauorientiertes Organigramm in Matrixform.

2. *Elemente:*

a) Aufgaben (aus Aufgabengliederungsplan).

b) Aufgabenträger (aus Aufgabenverteilungsplan).

3. *Funktionen:* Die einzelnen Beziehungen des Aufgabenträgers zu einer Aufgabe. Das Funktionendiagramm gibt in der Vertikalen die Gesamtfunktion eines Aufgabenträgers und in der Horizontalen die einzelnen Funktionen an, die zur Erledigung einer Einzelaufgabe notwendig sind.

Funktionsmanagementorganisation

1. *Begriff:* Konzept einer mehrdimensionalen Organisationsstruktur, bei der eine gegebene Grundstruktur durch die organisatorische Verankerung einer bestimmten (wichtigen) Funktion ergänzt wird.

2. *Formen:*

a) Die Institutionalisierung dieser Funktion kann auf einen Zentralbereich beschränkt oder bereichsübergreifend angelegt sein.

b) Zentralbereiche für Funktionen können als Kernbereich (Kernbereichs-Funktionsmanagement), als Richtlinienbereich (Richtlinien-Funktionsmanagement), als Matrixbereich (Matrix-Funktionsmanagement), als Servicebereich (Service-Funktionsmanagement) und als Stab (Stabs-Funktionsmanagement) ausgeformt werden.

3. Bei der *Auswahl* der sich hieraus ergebenden Gestaltungsalternativen sind die angestrebte Reichweite für die Berücksichtigung der Funktion im arbeitsteiligen Entscheidungsprozess der Unternehmung und die spezifischen Vor- und Nachteile der Zentralbereichsformen abzuwägen.

4. *Beispiele* für die organisatorische Verankerung konkreter Funktionen:

(1) Controllingmanagementorganisation,

(2) Logistikmanagementorganisation,

(3) Organisationsmanagementorganisation,

(4) Personalmanagementorganisation,

(5) Riskmanagementorganisation.

Funktionsmeistersystem

Von Taylor entwickeltes Leitungssystem, bei dem eine Stelle mehreren Instanzen unterstellt wird. Taylor sieht vier für die Planung zuständige

Funktionsmeister des Büros (Clerks) vor: Arbeitsverteiler, Unterweisungsbeamter, Zeitmeister, Kostenmeister sowie vier für die Arbeitsdurchführung zuständige *Funktionsmeister der Werkstatt (Bosses):* Verrichtungsmeister, Geschwindigkeitsmeister, Prüfmeister, Instandhaltungsmeister.

Für die *Beurteilung* der organisatorischen Effizienz des Funktionsmeistersystems gelten analog die generellen Vor- und Nachteile eines Mehrliniensystems.

_G–H

Gegenzeichnung

Kontrollmaßnahme, die überall da vorzuschreiben ist, wo Willensäußerungen untergeordneter Organe durch verantwortliche leitende Personen zu decken sind.

Generaldirektor

In der Praxis teilweise verwendeter Titel für den Leiter der Unternehmung. Kompetenzen des Generaldirektors sind nicht einheitlich umrissen. Die Position ist meist als Singularinstanz an der Spitze der Führungshierarchie angesiedelt; die Leitung der untergeordneten Handlungsträger erfolgt nach dem Direktorialprinzip.

Geschäftsordnung

Richtlinien, nach denen die Arbeit von Gremien abgewickelt wird, soweit sie gesetzlich oder satzungsmäßig nicht geregelt ist. Wichtige in der Geschäftsordnung zu regelnde Punkte: Einberufung zur Sitzung, Tagesordnung, Vorsitz, Abstimmungsmodus, Minderheitsvotum, Protokollführung, Redezeitbegrenzung, Berichterstattung, Geschäftsführung zwischen den Sitzungen.

Die Geschäftsordnung bestimmt in einem Entscheidungsgremium die Reihenfolge, in der über die Alternativen abgestimmt wird. Bei Auftreten des Condorcet-Paradoxons kann die Geschäftsordnung für den Ausgang der Gruppenentscheidung ausschlaggebend sein (binäre Abstimmungsverfahren).

Geschäftsprozess

Folge von Wertschöpfungsaktivitäten mit einem oder mehreren Inputs und einem Kundennutzen stiftenden Output. Geschäftsprozesse können auf verschiedenen Aggregationsebenen betrachtet werden, z.B. für die Gesamtunternehmung, einzelne Sparten- oder Funktionalbereiche. Der Geschäftsprozess ist zentraler Betrachtungsgegenstand des Business Process Reengineering.

Geschäftsprozessorganisation

Organisationsgestaltung, die sich an Geschäftsprozessen orientiert.

Geschäftsverteilungsplan

Plan zur übersichtlichen Erfassung und Darstellung geschäftlicher Arbeitsaufgaben im Unterschied zu Arbeitsplan und Organigramm. Zweck ist eine persönliche sowie sachliche Tätigkeits- und Kompetenzabgrenzung, die klare Verantwortungsbereiche schafft und die betriebliche Zusammenarbeit fördert.

Gesellschaft für Organisation e.V. (GfO)

Die Geselltschaft für Organisation e.V. wurde 1922 gegründet.

Ziel: Förderung der im Bereich der Wissenschaft, Wirtschaft und Verwaltung mit Organisation betrauten Personen.

Aufgaben: Aus-, Fort- und Weiterbildung für Organisatoren und andere Führungskräfte (geschlossene mehrwöchige Lehrgänge, Fachseminare); Erfassung und Entwicklung anderweitiger Forschungen und Erfahrungen auf den einschlägigen Gebieten; dezentrale Öffentlichkeitsarbeit durch Fachtagungen, Kongresse und Fachgruppenarbeit.

Publikation: Zeitschrift Führung + Organisation (zfo).

Ausbildungsinstitution: Akademie für Organisation (afo).

Handlungsbeziehungen

Interaktionen zwischen Handlungsträgern bzw. organisatorischen Einheiten, z.B. in Form von Kommunikationsbeziehungen oder dem betrieblichen Materialfluss.

Handlungsträger

Funktionsträger; gedachte (abstrakte) Person, die durch Handlungen in organisatorischen Einheiten an der Erfüllung der Unternehmungsaufgabe beteiligt ist.

Harmonogramm

Arbeitsablaufschaubild; spezielles ablauforientiertes Organigramm; grafische Darstellung zweier oder mehrerer zueinander in Beziehung stehender Ablaufschritte (z.b. Fertigung und Fertigungskontrolle) und ihrer gegenseitigen Abstimmung.

Harte und weiche Faktoren

In der Unternehmensführung wird zwischen harten und weichen Faktoren unterschieden, die den Erfolg eines Unternehmens bestimmen. Harte Faktoren (hard facts) lassen sich in betriebswirtschaftlichen Kennzahlen wie Kosten, Kapitalumschlag oder Durchlaufzeiten ausdrücken. Man spricht von ökonomischer Objektivierung durch Kennziffern. Zu den weichen Faktoren (soft facts) zählen Images, Stimmungen, aber auch Wissen und daraus resultierendes Verhalten (De-/Motivation) sowie Handlungsweisen (Unterstützung/Widerstand). Solche Faktoren heißen weich, weil sie gar nicht oder nur mit Hilfsindikatoren als Kennzahlen darstellbar sind. Ihre ökonomische Handlungsrelevanz ergibt sich aus der Kraft gruppendynamischer Prozesse.

Hierarchie

1. Begriff: System der Über-/Unterordnung zwischen organisatorischen Einheiten. Bei einer gegebenen Anzahl von organisatorischen Einheiten ist eine Hierarchie umso steiler (flacher), je höher (niedriger) die Zahl der Hierarchieebenen ist. Hierarchie stellt dabei das grundlegende Ordnungssystem von Organisationen und sozialen Systemen dar.

2. Arten:

a) Die *Zielhierarchie* legt als Zweck-Mittel-Hierarchie das angestrebte Handeln einer Organisation fest.

b) Die *Aufgabenhierarchie* beschreibt die aus den Unternehmenszielen abgeleiteten operationalen Teilaufgaben.

c) Die *Stellenhierarchie* legt das Stellengefüge fest, in dem den einzelnen organisatorischen Einheiten operationale Teilaufgaben zugewiesen werden.

d) Die *Personenhierarchie* bezeichnet die Positionierung der Stelleninhaber innerhalb einer hierarchischen Ordnung.

3. *Zweck:* Hierarchie besitzt Koordinationsfunktion, indem eine übergeordnete Stelle untergeordneten Stellen Anweisungen erteilt, die darauf gerichtet sind, den spezialisierten Aufgabenvollzug zielentsprechend auszurichten.

Holdingstruktur

1. *Begriff:* Spezielle Form der Geschäftsbereichs- oder Spartenorganisation, bei der unterhalb einer Obergesellschaft (Holding) auf der zweiten hierarchischen Ebene die Geschäftsbereiche der Sparten (Tochtergesellschaften) als gesellschaftsrechtlich selbstständige organisatorische Einheiten tätig sind.

2. *Formen:*

a) Bei der *Managementholding* besitzt die Obergesellschaft Kompetenz in allen finanzwirtschaftlichen und strategischen Fragen. Die Tochtergesellschaften sind nur autonom im Hinblick auf die operativen Entscheidungen.

b) Bei der *Finanzholding* besitzt die Obergesellschaft nur Kompetenz in allen finanzwirtschaftlichen Fragen.

Improvisation

Die vorübergehende Regelung einer begrenzten Anzahl von Teilhandlungen im Rahmen der arbeitsteiligen Aufgabenerfüllung der Unternehmung. In der Regel kommt sie zur Anwendung, wenn sich ständig ändernde Situationsbedingungen keine dauerhafte Lösung ermöglichen.

Individualkommunikation

1. *Charakterisierung:* Form der Kommunikation; Interaktion zwischen identifizierten Partnern. Typisch ist der (häufige) Rollenwechsel, der Sender wird zum Empfänger und umgekehrt; Individualkommunikation ist direkt, wechselseitig und bietet die Möglichkeit unmittelbarer Kontrolle durch Rückkopplung.

2. Die *Unterscheidung zwischen Individualkommunikation und Massenkommunikation* ist durch die jüngste Entwicklung der Medientechnik problematisch geworden; zunehmend wird für alle Formen der Kommunikation der Begriff Telekommunikation verwandt.

Indoktrination

Beeinflussende Maßnahmen zur Erzielung einer möglichst weit gehenden Harmonisierung der Interessen und Wünsche der Unternehmer, des Betriebes und der Mitarbeiter, um Friktionen in der Kooperation beim betrieblichen Leistungsprozess zu minimieren.

Mittel: Innerbetriebliche Information, Schulung und Weiterbildung, Vorbildung der Führungskräfte, Organisationskultur u.a.

Information

1. *Begriff:* Derjenige Anteil einer Nachricht, der für den Empfänger einen Wert besitzt. Durch Informationen werden beim Wirtschaftssubjekt bestehende Wahrscheinlichkeitsurteile bezüglich entscheidungsrelevanter Daten oder Ereignisse (z.B. Tauschmöglichkeiten oder technische Innovationen) verändert.

2. *Merkmale:*

a) Eine Information kann als immaterielles Gut charakterisiert werden, das i.d.R. auch bei mehrfacher Nutzung nicht verbraucht wird. Informationskäufer erhalten eine, meist zu geringen Grenzkosten herstellbare, Kopie der Information, können aber die Rechte der Informationsnutzung in vollem Umfang erwerben. Als wirtschaftliches Tauschobjekt im engeren Sinne ist deshalb nicht die Information selbst, sondern das Recht, sie zu nutzen, zu betrachten (Verfügungsrechte).

b) Informationen zeichnen sich des Weiteren dadurch aus, dass sie (v.a. angesichts neuerer Informations- und Kommunikationstechniken) extrem schnell und preiswert transportierbar sind.

c) Wegen der erwähnten Eigenschaften treten bei der Produktion und Distribution von Informationsprodukten erhebliche Economies of Scale auf.

Informationskette

Reihe verbundener Informationen, wobei die vorhergehende die folgende Information auslöst.

Informationspflicht

Generelle Anweisung an einen Handlungsträger, einem anderen Handlungsträger bestimmte Informationen regelmäßig oder unregelmäßig zu übermitteln.

Informationsrecht

1. *Begriff:* Recht eines Handlungsträgers, bestimmte Informationen regelmäßig oder unregelmäßig zu empfangen, die zur Erfüllung der ihm übertragenen Aufgaben notwendig sind. Generelles Informationsrecht über alle betrieblichen Tatbestände hat das Top Management. Jede übergeordnete Instanz hat ein Informationsrecht über alle ihr untergeordneten Stellen.

2. *Formen:*

a) *Aktives Informationsrecht:* Informationsempfänger muss, ohne dass eine Anforderung von ihm ergeht, mit Informationen versorgt werden.

b) *Passives Informationsrecht:* Informationsempfänger wird nur dann mit Informationen versorgt, wenn dies von ihm angefordert wird.

Informationssystem

1. *Begriff:* Summe aller geregelten betriebsinternen und -externen Informationsverbindungen sowie deren technische und organisatorische Einrichtung zur Informationsgewinnung und -verarbeitung. Das Informationssystem ist der formale Teil des gesamten betrieblichen Kommunikationssystems.

2. *Computergestütztes Informationssystem:* Betriebliches Informationssystem, Führungsinformationssystem (FIS), Marketing-Informationssystem (MAIS), Personalinformationssystem; *branchenspezifisch:* Banken-Informationssystem, computergestütztes Reisebuchungssystem, computergestütztes Versicherungsinformationssystem, computergestütztes Warenwirtschaftssystem (WWS).

3. *Aufgaben:* Rechtzeitige Versorgung der Handlungsträger mit allen notwendigen und relevanten Informationen in wirtschaftlich sinnvoller Weise. Das Informationssystem bildet das Medium für Entscheidungsfindung und -durchsetzung des Managements und ist somit Grundlage für den gesamten Managementprozess. Im Informationssystem vollzieht sich der Informationsprozess.

Informationsübermittlung

Phase des betrieblichen Informationsprozesses, in der eine räumliche Übertragung von Informationen zwischen dem Informationssender und -empfänger erfolgt (Kommunikation).

Informationsverarbeitung

Umwandlung, Verwertung und Ein- und Umsetzen von Informationen im Hinblick auf ihre betriebliche Zwecksetzung. Phase des betrieblichen Informationsprozesses.

Informationsweg

1. *Begriff:* Organisatorisch festgelegte Kommunikationsbeziehung zwischen mindestens zwei betrieblichen Handlungsträgern zum Austausch von Informationen. In ihrer Gesamtheit bilden Informationswege das formale Kommunikationssystem, in dem sich der Informationsprozess vollzieht.

2. *Unterscheidungskriterien:*

a) Im Rahmen des Hierarchieverlaufs in *vertikaler* oder *horizontaler* Richtung (Kommunikationsweg).

b) Möglichkeit der *einseitigen* oder *zweiseitigen* Benutzung. *Mehrstufige* Informationswege bilden Informationsketten.

3. *Bedeutung:* Die Informationswege sind die Medien des betrieblichen Informationsflusses. Von ihrer Struktur und Leistungsfähigkeit hängt daher auch die Effizienz des unternehmerischen Führungs- und Steuerungsprozesses ab.

Informationswertanalyse

1. *Begriff:* Methode zur Analyse und Bewertung von Informationsstrukturen und -flüssen und zur Entwicklung von Verbesserungsvorschlägen im Hinblick auf die langfristige Planung betrieblicher Informationssysteme, aufbauend auf Konzepten der Wertanalyse.

2. *Ziele:* Verkürzung der Zeiten des Informationsdurchlaufs durch die betrachtete Einheit (z.B. eine Abteilung oder einen Prozess), Erhöhung des Informationswerts, Senkung des Aufwands für die Zurverfügungstellung einer Information.

3. *Vorgehen:* Zunächst Prüfung der vorhandenen Informationsträger (Schriftgut, Formulare, Drucklisten, Masken u.a.) auf ihre Funktion und Bedeutung hin anhand von quantitativen und qualitativen Kriterien, dann Prüfung der Verbesserungsmöglichkeiten (z.B. Vermeidung von Datenredundanzen, Änderungsaufwand).

Informelle Organisation

Die inoffiziellen, personen- und situationsabhängigen Verhaltensmuster der Organisationsmitglieder.

Instanz

Element der Aufbauorganisation.

1. *Begriff:* Eine Leitungseinheit (organisatorische Einheit) mit Weisungsbefugnis gegenüber den ihr hierarchisch untergeordneten organisatorischen Einheiten (z.B. Stellen), die je nach dem Instanzaufbau der Unternehmung selbst Instanzcharakter haben können.

2. *Arten* (nach der Zahl der Handlungsträger, mit denen eine Instanz besetzt ist):

a) Singularinstanz;

b) Pluralinstanz.

3. *Instanzenaufbau:* Hierarchie der Instanz.

Interaktion

1. *Begriff:* Wechselseitige Beziehung, die sich über unmittelbare oder mittelbare Kontakte zwischen zwei oder mehreren Personen ergibt, d.h. die Summe dessen, was zwischen Personen in Aktion und Reaktion geschieht. Auf Interaktion baut das gesamte in einer Unternehmung ablaufende Geschehen auf.

2. *Arten:*

a) *Funktionale Interaktion:* Ergibt sich vorwiegend aus Erfordernissen und Zusammenhängen der formal geplanten Struktur und formaler Arbeitsabläufe in der Unternehmung.

b) *Optionale Interaktion:* Vorwiegend zurückzuführen auf die in den persönlichen Bedürfnissen, Einstellungen und Zielen begründeten freien Wahlen der Organisationsteilnehmer zur Aufnahme interpersonaler Kontakte; Ergänzung zur funktionalen Interaktion.

3. Quantitative und qualitative *Messung* von Interaktion kann mittels eines Interaktiogramms erfolgen.

Interdependenz

1. *Begriff:* Gegenseitige Abhängigkeit organisatorischer Einheiten bei ihrer Aufgabenerfüllung.

2. *Formen:*

a) *Gepoolte Interdependenz:* Mehrere organisatorische Einheiten greifen auf eine Ressource zu.

b) *Sequenzielle Interdependenz:* Ein Objekt wird nacheinander von verschiedenen organisatorischen Einheiten einmal bearbeitet.

c) *Reziproke Interdependenz:* Ein Objekt wird nacheinander von mehreren organisatorischen Einheiten bearbeitet, kehrt dabei aber wieder zu einer organisatorischen Einheit zurück, die das Objekt bereits bearbeitet hat.

Interne Kommunikation

1. *Begriff:* Interne Kommunikation kennzeichnet zum einen eine Führungsfunktion, die mithilfe von Kommunikations- und Verhaltensmanagement ihre Organisation unterstützt. Zum anderen meint interne Kommunikation auf der operativen Ebene die geplanten Kommunikationsinstrumente (mediale und persönliche Kommunikation). Unterschieden werden zudem die strukturelle interne Kommunikation entlang von Konzern-, Abteilungs- oder Teamstrukturen sowie Kommunikationsprozesse (direkt-indirekte, bilaterale-multilaterale) und -flüsse (top-down, bottom-up, horizontal), die die formelle Organisationskommunikation kennzeichnen. Darüber hinaus umfasst der Begriff auch die informelle Kommunikation, also die aus Unternehmenssicht ungeplante Kommunikation (z.B. Gerüchte).

2. *Ziel:* Das Ziel von interner Kommunikation ist aus strategischer Sicht, Erfolgspotenziale zu sichern, die sich aus den Unternehmenszielen ableiten, indem anhand von Wahrnehmungs-, Verständnis- und Identifikationsbeiträgen Motivation auf- bzw. Widerstand abgebaut wird. Aus konzeptioneller Sicht greift sie hierfür auf die Corporate Identity und das

interne Markenmanagement zurück. Aus operativer Sicht verfolgt sie dazu informative, edukative und/oder emotionale Ziele. Aus gesetzlicher Sicht hat die interne Kommunikation dabei die Ziele der Pflichtkommunikation der Paragraphen 81 ff. des Betriebsverfassungsgesetzes zu erfüllen wie die Unterrichtungs- und Erörterungspflichten des Arbeitgebers, bspw. über die Veränderungen von Arbeitsbereichen.

3. *Aspekte:* Der internen Kommunikation wird vielfach ein Wandel attestiert, mit dem sie sich vom zuerst redaktionellen Instrument (Mitarbeiterzeitschrift, schwarzes Brett etc.) seit etwa der 1980er-Jahre zum Führungsinstrument wandelt. Das Management der Unternehmenskultur als Einflussnahme auf Werte und Normen mithilfe von Leitbildprozessen und internen Markenkampagnen steht hierfür wie auch die Konturierung von Change Communications. Diese Beispiele kennzeichnen interne Kommunikation als interdisziplinäre Managementaufgabe, die auf sog. weiche Faktoren Einfluss nimmt und die Bedeutung der multilateralen Kommunikation – also Gruppenphänomene – für den unternehmerischen Erfolg betont.

4. *Instrumente:* Mitarbeitermedien wie Zeitschriften und Intranet oder die persönliche Kommunikation wie Mitarbeiterveranstaltungen gehören zu den operativen Instrumenten. Zu den Instrumenten von interner Kommunikation als Führungsfunktion gehört etwa die Vorbereitung kaskadischer Information (Top-Down-Kommunikationsfluss) mittels Workshops und Trainings für Führungskräfte, um Kommunikationsinhalte und -dramaturgien zu erarbeiten, die sie in ihre Hierarchien geben, um informative, edukative und/oder emotionale Teilziele auf Führungskräfte- und Mitarbeiterebene zu erreichen.

5. *Abgrenzung:* Interne Kommunikation ist Teil der integrierten Kommunikation. Dabei wird die Bedeutung der internen Kommunikation für die externe Kommunikation häufig betont, indem Mitarbeiter als Markenbotschafter verstanden werden. Da Mitarbeitermotivation und Identifikation nicht nur von Kommunikationsinhalten und -dramaturgien abhängen,

sondern zentral von erlebtem Führungskräfte- und Organisationsverhalten, gilt interne Kommunikation als Teil der Führung.

Interne Märkte

1. *Begriff:* Interne Märkte entstehen, wenn in der Unternehmung der Leistungstransfer zwischen Unternehmungsbereichen durch Einführung interner Preise in eine Markttransaktion überführt wird. Durch den Rückgriff auf interne Preise lassen sich auch Bereichen, die keinen unmittelbaren Kontakt bzw. Zugang zum externen Markt haben, Erlöse und monetäre Bereichserfolge zuordnen (Center-Konzept).

2. *Theoretische Grundlagen:* Die theoretische Auseinandersetzung mit internen Märkten hat eine lange Tradition. Sie beginnt in der Betriebswirtschaftslehre unter dem Einfluss volkswirtschaftlicher Marktmodelle vor etwa 100 Jahren mit Schmalenbach. Vier Strömungen beschreiben den gegenwärtigen Stand:

a) *mikroökonomische Konzepte* (v.a. Funktion interner Arbeits- und Kapitalmärkte);

b) *optimale Verrechnungspreise* (v.a. Optimierung von Allokations- und Anreizeffekten);

c) *strategische Positionierung* (v.a. Regelung des Zugangs zum externen Markt);

d) Interne Märkte als *Organisationskonzept* (v.a. Förderung des internen Unternehmertums).

3. *Erscheinungsformen:*

a) Auf *realen Märkten* wird über den internen Preis die Allokation von Ressourcen gesteuert. So soll über den Preis beispielsweise sichergestellt werden, dass die Unternehmungsbereiche die Leistungen der zentralen Marktforschungseinheit auf der Grundlage von Kosten-Nutzen-Überlegungen in Anspruch nehmen.

b) Auf *fiktiven Märkten* erfüllt der Preis nur eine Benchmarking-Funktion; der Leistungsaustausch zwischen den Bereichen ist bereits durch Planung festgelegt (z.B. die Inanspruchnahme des Gießereibereichs durch verschiedenen Produktionsbereiche). Von dem Ausweis eines Bereichserfolges und dem so ausgelösten Ergebnisdruck verspricht man sich auf fiktiven Märkten eine positive Motivationswirkung. Der Ansatz des internen Preises (z.B. markt- oder kostenbasierter Preis) wird dann durch die jeweils verfolgte Motivationskonzeption bestimmt.

4. Bei der *Beurteilung der Leistungsfähigkeit* der internen Märkte geht es generell um die Frage, ob die Unternehmungssteuerung ganz durch das Konzept einer umfassenden Unternehmungsplanung bestimmt sein soll oder ob (ergänzend) eine dezentrale Marktsteuerung praktiziert werden soll.

Kapitalistische Unternehmensverfassung

1. *Begriff:* Unternehmensverfassung, in der die Eigentümer (der Produktionsmittel) mit ihren Interessen die Richtung der Unternehmenspolitik alleine bestimmen sollen (Prinzip der Einheit von Risiko, Kontrolle und Gewinn).

Rechtlicher Rahmen: Gesellschaftsrecht.

Begründung für die alleinige Auszeichnung der Eigentümer in der Unternehmensverfassung durch das Gesellschaftsmodell des (Wirtschafts-) Liberalismus sowie von ökonomischer Seite die klassische Lehre (Klassik) bzw. die Neoklassik.

2. *Entstehung der kapitalistischen Unternehmung* als produktives System durch eine Vielzahl von Verträgen zwischen den sich am Wirtschaftsprozess beteiligenden Individuen (Vertragsmodell der Unternehmung). Der auf dem Gesellschaftsvertrag basierende Eigentümerverband (Gesellschaft) schließt mit den für die Leistungsherstellung erforderlichen Personen, den Inhabern der Rohstoffe und Vorprodukte und den Abnehmern der Produkte und Dienstleistungen Verträge ab:

a) Arbeitsverträge (§ 611 BGB), in denen sich Arbeitnehmer verpflichten, für die Dauer des Arbeitsvertrages den Weisungen des Arbeitgebers Folge zu leisten (Direktionsrecht);

b) Kaufverträge (§ 433 BGB) zur Verteilung produzierter Güter.

3. *Annahmen der kapitalistischen Unternehmensverfassung:* Die Interessen von Konsumenten und Arbeitnehmern gleichen sich in einer Wettbewerbswirtschaft im Markt und nicht in der Unternehmensverfassung mit den Interessen der Kapitaleigner ab; rechtlich durch die Annahme der Richtigkeitsgewähr von freiwillig zustande gekommenen Verträgen ausgedrückt. Das öffentliche Interesse wird gewahrt durch einen über die Einhaltung bestimmter Regeln im Wirtschaftsverkehr (unlauterer Wettbewerb, Publizität) ein Gemeinwohl produzierenden Interessenausgleich zwischen den Marktpartnern. Die Herrschaft des Eigentümers in der Unternehmung

wird als funktional für das Wohl aller gedacht; der Eigentümer-Unternehmer erfüllt eine „vikarische Funktion".

4. *Kritik der kapitalistischen Unternehmensverfassung:*

a) Diverse Entwicklungen in Wirtschaft und Recht können als Kritik verstanden werden, besonders *Arbeitsrecht, Verbraucherpolitik* und Publizitätsgesetz; dadurch sollen die ungleichen Startpositionen der Marktpartner ausgeglichen und dem öffentlichen Interesse verstärkt Geltung verschafft werden.

Ökonomische Tauschvorgänge vollziehen sich im Markt *nicht machtfrei,* die Annahme der Richtigkeitsgewähr der Verträge ist somit korrekturbedürftig.

Die Fundamente der kapitalistischen Unternehmensverfassung, Eigentum und Vertrag, bleiben von diesen Korrekturen allerdings unberührt. Erst durch die *Mitbestimmung der Arbeitnehmer* und ihre Inkorporation in die zentralen Entscheidungsorgane der Gesellschaft (Aufsichtsrat (AR), Vorstand) beginnt sich die interessenmonistische kapitalistische Unternehmensverfassung zu einer interessendualistischen zu entwickeln.

b) Managerherrschaft.

Kassationskollegialität

Abstimmungsmodus im Rahmen des Kollegialprinzips. Die multipersonale organisatorische Einheit besteht aus gleichberechtigten Handlungsträgern, die sämtliche Entscheidungen einstimmig treffen müssen, sodass jedes Mitglied der Einheit über ein Vetorecht verfügt.

Keiretsu

Japanisches Unternehmensnetzwerk (Netzwerkorganisation), das sich aus einer großen Zahl verbundener Unternehmen zusammensetzt, zwischen denen (teilweise) Kapitalverflechtungen bestehen und Personalaustausch stattfinden kann. Wesentliche Charakteristika der Keiretsu sind die langfristigen und familienähnlichen, durch gegenseitiges Vertrauen gekennzeichneten Beziehungen zwischen den beteiligten Unternehmen.

Hinsichtlich der *Struktur* der Keiretsu lassen sich unterschiedliche Schichten unterscheiden. Die strategische Führung horizontaler Keiretsus besteht in der Regel aus einem bedeutenden Industrieunternehmen, einem prominenten Generalhandelshaus und einer zentralen Großbank. Dem inneren Netzwerk der Keiretsu gehören weitere Industrie-, Handels- und Finanzunternehmen an. In den vertikalen Keiretsu steht ein Unternehmen im Mittelpunkt, das weitere Unternehmen entlang der Wertschöpfungskette um sich gruppiert, die als primäre und sekundäre Zulieferbetriebe fungieren. Daneben gibt es eine weit größere Anzahl von Subkontrakt-Unternehmen in einem äußeren Netzwerk. Hierbei handelt es sich zumeist um hoch spezialisierte, kleinere Familienunternehmen, die bei stark ausgeprägter funktionaler Arbeitsteilung arbeitsintensive Vorprodukte bereitstellen.

Die *ökonomische Bedeutung* der Keiretsu ist beträchtlich und aus veröffentlichten Ranglisten der größten Unternehmen oft nur unzureichend erkennbar, da die Unternehmensverflechtungen nach den geltenden Konsolidierungskriterien teilweise nicht erfasst werden. Die sechs größten Keiretsu sind Mitsubishi, Sumitomo, Mitsui, Fuyo, Sanwa und Dai-Ichi-Kangyo.

Koreanisches Pendant: Chaebol.

Kerngruppe

An der Zielbildung (z.B. einer Unternehmung) beteiligte Gruppe von Organisationsmitgliedern, die Kraft gesetzlicher oder vertraglicher Legitimierung zur Zielfestlegung vorgesehen ist.

Koalition

Zeitlich begrenzter Zusammenschluss von mindestens zwei Personen oder Gruppen, die gemeinsam ihre in *Verhandlungsprozessen* zum Ausgleich gebrachten Interessen zu erreichen versuchen. Nach Mitgliedschaft in der Organisation kann zwischen *internen* (Unternehmensleitung, übriges Management und Arbeitnehmer) und *externen* (z.B. nicht geschäftsführende Anteilseigner, Marktpartner, Repräsentanten des öffentlichen Interesses) Koalitionen unterschieden werden. Die Bildung von

Koalitionen und Koalition-Beziehungen wird besonders im Zusammenhang politischer Prozesse und mit der Ausübung von Macht in der Organisation untersucht.

Kollegialprinzip

1. *Begriff:* Verfahren der gemeinsamen Willensbildung in organisatorischen Einheiten, in denen mehrere Handlungsträger zusammengefasst sind (*Kollegialsystem*). Entscheidungen, die die multipersonale Organisationseinheit als Ganzes betreffen, werden von sämtlichen zur Einheit gehörenden Handlungsträgern getroffen.

2. *Abstimmungsmodi:*

(1) Primatkollegialität,

(2) Abstimmungskollegialität und

(3) Kassationskollegialität.

Der Gegensatz ist das Direktorialprinzip.

Kollegium

1. *Begriff:* Multipersonale organisatorische Einheit, in der Handlungsträger verschiedener Stellen zusammengefasst werden. In der Praxis werden Kollegien mit unterschiedlicher Terminologie auch als Ausschuss, Komitee, Gremium, Kommission oder Pluralinstanz bezeichnet.

2. *Zweck:* Als Instrument der Koordination dient das Kollegium v.a. der unmittelbaren Kommunikation und der Nutzung von Spezialkenntnissen seiner Mitglieder.

3. *Arten:*

a) Nach *Kompetenz* des Kollegiums: Informations-, Beratungs-, Entscheidungs- und Ausführungs-Kollegium.

b) Nach *Zeitdauer* der Institutionalisierung des Kollegiums: Befristet oder auf Dauer angelegt.

Kommission

Zeitlich befristetes Kollegium.

Kommunikationsbeziehung

Jeder kommunikative Zusammenhang zwischen zwei oder mehreren Kommunikationspartnern.

1. *Vertikale Kommunikationsbeziehung* (veraltet auch *Befehlsweg*): Zwischen Vorgesetzten und Untergebenen oder umgekehrt; dient v.a. der Übermittlung von Weisungen von oben sowie von Kontrollinformationen nach oben.

2. *Horizontale Kommunikationsbeziehung:* Zwischen Handlungsträgern gleicher Ebene der Hierarchie.

Kommunikationscontrolling

1. *Begriff:* Das Kommunikationscontrolling meint in Übertragung und Anwendung des allgemeinen Controllingbegriffs die Planung, Steuerung und Kontrolle der Unternehmenskommunikation.

2. *Ziele, Methode und Instrumente:* Wenn die Reputation ein Oberziel der Unternehmenskommunikation ist, umfasst das Kommunikationscontrolling

(1) die Kostenmessung für die Organisation und Bereitstellung von Kommunikationsinhalten z.B. in Form der Kostenerfassung für die Medienproduktion oder Eventorganisation,

(2) die mit diesen Kosten erzielte Informationsbereitstellung beispielsweise in Form von Reichweitenmessungen durch Auflagenzählungen, Einschaltquoten oder Websiteaufrufen in Medien,

(3a) die erreichte Wahrnehmung z.B. durch Bekanntheits- oder andere Wissensabfragen mit Instrumenten der empirischen Sozialforschung bei definierten Zielgruppen,

(3b) die erreichte Verhaltensänderung durch die eingesetzten Instrumentarien belegt z.B. durch Motivationssteigerungen oder

Akzeptanzsteigerungen. Da Reputation als Ziel kein Selbstzweck ist, sondern einen Wertschöpfungsbeitrag leisten soll, umfasst das Kommunikationscontrolling auch

(4) erreichte Erfolgsbeiträge beispielweise durch mehr Käufe für kommunizierte Leistungen oder verringerte Widerstände mithilfe von Change Communications.

3. *Aspekte:* Erst die integrierte Messung aller vier Ebenen erfüllt die Voraussetzung für ein vorwärtsgerichtetes Kommunikationscontrolling mit der dann möglichen Anpassung des Kommunikationsmanagements zur verbesserten Zielerreichung. Die oben genannten Ebenen werden in Anlehnung an die US-amerikanische Literatur auch hierzulande oft als

(1) Input-,

(2) Output-,

(3a) Outgrowth-,

(3b) Outcome- und

(4) Outflow-Ebene bezeichnet.

Z.T. wird die Evaluation der Kommunikation als Messung nur ausgewählter Teilziele im Sinne der rückwärtsgerichteten Kontrolle einzelner Kommunikationsinstrumente abgrenzt, was historisch oder pragmatisch begründbar ist. Vor allem in der wissenschaftlichen Debatte genießt das Kommunikationscontrolling eine zunehmende Aufmerksamkeit, die der praktischen Anwendung allerdings weit voraus ist. So wird etwa die Balanced Scorecard als konzeptioneller Ansatz für das Kommunikationscontrolling vielfach diskutiert, die gemäß unterschiedlicher Studien rund 60 Prozent der Unternehmen einsetzen, hier aber nur je nach Studie etwa 20 Prozent auch explizit die Unternehmenskommunikation mit umfangreichen Zielsystemen im obigen Sinne zu messen versuchen. Die Erfolgsmessung konzentriert sich aufgrund der Komplexität, der Messanfälligkeit und des monetären wie zeitlichen Aufwands bei dem Großteil der Unternehmen vor allem auf die erste und zweite Messebene. Problematisch ist bei diesen Controllingversuchen nicht nur den eindeutigen und maßgeblichen

Zusammenhang von Kommunikationsinstrumenten und deren Wirkung über alle Messebenen hinweg zu belegen, da es um personenübergreifende Wahrnehmungsgrößen und damit weiche Faktoren geht. Zudem geht diese Messung von geplanter Unternehmenskommunikation aus. In der Praxis sind aber v.a. auch ungeplante kommunikative Prozesse die erfolgskritischen, wie Skandale von Unternehmen zeigen. Diese werden mit den obigen Messebenen aber konzeptionell gar nicht berücksichtigt.

Kommunikationsforschung

Teilgebiet der Marketingforschung. Die Kommunikationsforschung untersucht:

(1) *Kommunikatoren,* ihre Merkmale, v.a. ihre Einstellungen und ihr Verhalten, ihre Position und Rolle in Medienorganisationen.

(2) *Medieninhalte* auf Themen und Tendenzen, auf die Präsentation von Realität und Fiktion (Unterhaltung) hin, v.a. auch mit dem Ziel der Inferenz auf Kommunikationsabsichten und Beeinflussungspotenziale.

(3) *Medien* als einzelne Institutionen und als Mediensystem, ihre Struktur und Organisation, ihre historische und gegenwärtige Entwicklung, unter technischen, ökonomischen, rechtlichen, politischen Aspekten.

(4) *Publikum der Medien,* seine Merkmale, Motive und die Muster des Mediennutzungsverhaltens, wobei teils mit hohem finanziellen Aufwand in der sog. Mediaforschung das Publikum der verbreiteten Medien regelmäßig für die Zwecke der Werbung charakterisiert wird.

(5) *Wirkung der Medien* auf Wissen und Vorstellungen, Einstellungen und Verhalten, auf Individuen, soziale Gruppen und gesellschaftliche Subsysteme, auf Normen, Werte und gesamtgesellschaftliche Strukturen und Prozesse.

Kommunikationsmittel

Gesamtheit der zwischen einigen oder allen betrieblichen Handlungsträgern bestehenden strukturierten Kommunikationsbeziehungen.

Darstellung mithilfe von Graphen, wobei die Knoten die einzelnen Kommunikationspartner und die sie verbindenden Kanten die Kommunikationswege bzw. Kommunikationskanäle symbolisieren.

Kommunikationspartner

Subjekte und/oder Objekte, zwischen denen eine Kommunikationsbeziehung besteht. Bei der Interpretation der Unternehmung als Mensch-Maschinen-System sind drei *Kontakte* von Kommunikationspartnern möglich:

(1) Zwischen Mensch und Mensch (z.b. Telefongespräch),

(2) zwischen Mensch und Maschine (z.b. Programmierung einer EDV-Anlage),

(3) zwischen Maschine und Maschine (z.b. automatisierte Fertigung).

Kommunikationspolitik

1. *Begriff:* Durch die wachsende Bedeutung von Information und Kommunikation in der Gesellschaft fühlen sich der Staat und die verschiedensten Interessengruppen zunehmend herausgefordert, auf diesen Sektor einzuwirken. Seit Ende der 1960er-Jahre hat sich die Bezeichnung Kommunikationspolitik (neuerdings häufig auch *Medienpolitik*) eingebürgert für Aktivitäten, die auf die Ordnung der gesellschaftlichen Kommunikation gerichtet sind, speziell auf die Organisation des Mediensystems.

2. Die Kommunikationspolitik steht in *enger Wechselbeziehung zur allgemeinen staatlichen Ordnung,* zur Art der Herrschaftsstruktur, politischen Willensbildung und Repräsentation. Sie ist daher einerseits Ausdruck des in der staatlichen Ordnung angelegten Wertsystems, andererseits bestimmt sie die Verwirklichung der Grundwerte entscheidend mit. Aus diesem Grunde kommt dem Art. 5 GG, der Meinungs-, Informations- und Pressefreiheit verbrieft, eine Schlüsselrolle für unsere staatliche Ordnung zu. Das Bundesverfassungsgericht hat diese Auffassung in mehreren Grundsatzentscheidungen bekräftigt.

3. *Kommunikationspolitische Ordnung der Bundesrepublik Deutschland:* Kommunikationspolitische Auffassungen, Absichten, Maßnahmen

konkretisieren sich vielfältig, u.a. in Memoranden, Parteiprogrammen, Gesetzen und Verordnungen. Für die kommunikationspolitische Ordnung der Bundesrepublik Deutschland sind, neben verschiedenen Artikeln des Grundgesetzes, v.a. die Landespressegesetze und die Rundfunkgesetze bzw. -staatsverträge bestimmend. Auf die Entwicklung der Kommunikationspolitik haben auch einschlägige Entscheidungen des Bundesverfassungsgerichts großen Einfluss. In der öffentlichen Diskussion spielen ferner die Berichte verschiedener Regierungskommissionen eine große Rolle, etwa der Bericht der „Kommission für den Ausbau des technischen Kommunikationssystems (KtK)", sowie die von Zeit zu Zeit herausgebrachten Berichte der Bundesregierung über die Lage der Medien (Medienbericht).

4. *Kommunikationspolitische Ordnung auf internationaler Ebene:* Für die Ordnung der internationalen Kommunikation sind v.a. die Ergebnisse der regelmäßigen „World Administrative Radio Conference" bedeutsam, auf der sämtliche Frequenzzuteilungen für Radio, Fernsehen und Satellitenfunk geregelt werden. Auf anderen Handlungsebenen, v.a. in den Gremien der UNESCO, wird schon seit Jahren der Plan einer „Neuen Internationalen Informationsordnung" kontrovers diskutiert. In diesem Zusammenhang entstand auch der viel beachtete Bericht der MacBride-Kommission, der eine Bestandsaufnahme des internationalen Kommunikationssystems und seiner Probleme zu geben versucht.

5. *Perspektiven:* Kommunikationspolitik entwickelte sich zu einem eigenständigen Teilgebiet der Politik, zugleich auch zu einer kommunikationswissenschaftlichen Teildisziplin, einer „Solldisziplin", die sich mit den Zielen und Mitteln der gesellschaftlichen Organisation von Kommunikation befasst.

Kommunikationsprozess

Gesamtheit der kommunikativen Beziehungen (unternehmensintern wie auch -extern) und deren Ablauf im betrieblichen Kommunikationssystem. Abgesehen von informellen Erscheinungen im Wesentlichen mit dem Begriff Informationsprozess identisch.

Kommunikationssystem

Summe aller möglichen Kommunikationsbeziehungen und Kommunikationswege zwischen betrieblichen Handlungsträgern. Das Kommunikationssystem weist dabei Schnittstellen zu unternehmensexternen Interessengruppen auf.

Kommunikationsweg

Jede Kommunikationsbeziehung zwischen zwei Kommunikationspartnern im Rahmen des betrieblichen Kommunikationssystems.

Vertikale Kommunikationswege berühren mehrere Ebenen der Hierarchie (auch Befehlskette); *horizontale Kommunikationswege* verlaufen auf derselben Hierarchieebene.

Die *Leistungsfähigkeit* des Kommunikationssystems hängt von der Anzahl der Kommunikationswege und deren Kapazität ab.

Kompetenz

1. *Kompetenz im engeren Sinne:* Befugnis, Maßnahmen zur Erfüllung von Aufgaben zu ergreifen, für deren Bewältigung der Kompetenzträger die Verantwortung trägt.

2. *Kompetenz im weiteren Sinne:* Sämtliche organisatorischen, d.h. offiziellen, generell und dauerhaft wirksamen Vorschriften für Handlungen in organisatorischen Einheiten.

3. *Arten:* Entscheidungskompetenz, Realisationskompetenz, Kontrollkompetenz.

Kompetenzabgrenzung

Organisatorische Formulierung von Kompetenz durch Segmentierung und Delegation.

Kompetenzbereich

Die einer organisatorischen Einheit zugeordneten Kompetenzen.

Kompetenzsystem

Im Rahmen der Aufbauorganisation System der für die einzelnen organisatorischen Einheiten formulierten Kompetenz.

Konferenz

In gleichmäßigem Turnus wiederkehrende oder aus besonderem Anlass anberaumte Sitzung zum allgemeinen Erfahrungsaustausch oder zwecks Diskussion und eventuell Entscheidung über ein bestimmtes Problem.

Konfiguration

Äußere Form oder Gestalt der Organisationsstruktur. In der Konfiguration spiegeln sich die Elemente und die Beziehungen des Leitungssystems wider. Die Konfiguration wird bestimmt durch die Leitungsspanne und die Leitungstiefe.

Kontrolleinheit

Interne Revision. Organisatorische Einheit mit Kontrollkompetenz.

Kontrollkompetenz

Kompetenz für die Durchführung von Kontrollen.

Konzernorganisation

Gestaltung der Organisation eines Konzerns. Die Besonderheiten der Konzernorganisation im Vergleich zur Organisation einer rechtseinheitlich verfassten Einheitsunternehmung beruhen v.a. darauf, dass sich die organisatorischen Gestaltungsimplikationen des Organisationsrechts bei Konzernunternehmungen durch die Existenz mehrerer rechtlicher Einheiten (Konzernunternehmen) vervielfältigen und durch das Auftreten spezieller Regelungen für die (rechtsformübergreifenden) Beziehungen zwischen den Konzernunternehmen intensivieren. Dabei variiert der organisationsrechtliche Datenkranz für die Konzernorganisation v.a. mit den jeweils gewählten bzw. zur Wahl stehenden Rechtsformen der einzelnen Konzernunternehmen (z.B. AG oder GmbH) und den zugrunde gelegten Unternehmensverbindungen, z.B. faktische (§§ 311 ff. AktG), beherrschungsvertragliche (§§ 291 ff. AktG) oder eingliederungsvermittelte (§§ 319 ff. AktG) Konzernbindung.

Koordination

1. *Begriff:* Anlass zu Koordination besteht, wenn zwischen den arbeitsteiligen Handlungen der organisatorischen Einheiten Interdependenzen existieren.

2. *Aufgaben:*

a) Koordination löst Verteilungskonflikte.

b) Koordination trägt dazu bei, dass die Arbeitsabläufe so gestaltet werden, dass Doppelarbeit vermieden wird und sich eine optimale Reihenfolge realisieren lässt.

c) Koordination führt dazu, dass die Unternehmensziele stets bewusst gemacht, in der täglichen Arbeit einheitlich angewandt und ggf. auf Verbesserungs- und Änderungsmöglichkeiten hin überprüft werden.

d) Koordination gleicht Wissens- und Wahrnehmungsunterschiede unter den Organisationsmitgliedern aus.

3. *Grenzen:* Der Einsatz von Koordinationsinstrumenten verursacht Kosten (Abstimmungskosten) und Demotivationseffekte. Ein Verzicht auf Koordination hingegen verursacht Autonomiekosten. Im Hinblick auf die organisatorische Effizienz stellt sich somit die Frage nach dem optimalen Koordinationsgrad.

Krisenkommunikation

1. *Begriff:* Krisenkommunikation ist der Teil des Krisenmanagements, der der Einflussnahme auf weiche Faktoren dient, um Unternehmenskrisen zu verhindern oder zu bewältigen.

2. *Ziel:* Wenn Reputation das Oberziel von Unternehmenskommunikation ist, besteht das Ziel von Krisenpräventionskommunikation darin, Reputationsschäden durch Vermeidung künftiger Krisen möglichst zu verhindern.

Bei bereits eingetretenen Krisen hilft Krisenkommunikation dabei, das Ausmaß der Reputationsschäden einzugrenzen.

3. *Abgrenzung und Instrumente:* Krisenpräventionskommunikation ist eine anlassbezogene Anwendung des Stakeholder-Ansatzes. Mithilfe des Issues Managements wird das Organisationshandeln im Hinblick auf mögliche Stakeholder-Ansprüche überprüft und angepasst. Die Krisenprävention beinhaltet normativ anzupassende Verhaltensweisen grundlegend durch Kulturmanagement zu verstetigen und mithilfe der Corporate Governance durchzusetzen. Zur Krisenprävention gehört auch, die Erstellung von Krisenszenarien und -plänen zu unterstützen sowie Krisenreaktionsstrukturen in Organisationen mit Blick auf die Kommunikationsbedürfnisse der Dialoggruppen einzurichten. Im Falle bereits eingetretener Krisen gehören die Führungskräfte- und Mitabeiterinformation zu den Instrumenten wie auch die Presse- und Medienarbeit. Weiter zählt die Vorbereitung des Managements auf Krisensituationen mittels Kommunikationstrainings dazu.

4. *Aspekte:* Krisen sind aus Organisationssicht dazu geeignet, den Fortbestand einer Organisation zu gefährden, sodass Krisenkommunikation zu den strategischen Kommunikationsaufgaben gehört. Krisen sind durch ihr oft überraschendes Element und als eine Phase hoher Dynamik gepaart mit hohem Zeitdruck sowie erhöhter Aufmerksamkeit Dritter in Kombination mit Informationsknappheit sowie erhöhter Emotionalität durch zum Teil persönliche Betroffenheit gekennzeichnet. Darum sind Krisen in besonderer Weise geeignet, die Reputation einer Organisation und/oder ihres Managements zu beschädigen. Krisenkommunikation ist daher eine anlassbezogene Form des Reputationsmanagements.

Kundengliederung

1. *Begriff:* Im Rahmen der organisatorischen Bereichsbildung erfolgt eine Spezialisierung der organisatorischen Einheiten nach Kundenmerkmalen.

2. *Folge:* Die Kundengliederung führt je nach der betroffenen Hierarchieebene und je nach dem Aggregationsgrad des betrachteten

Handlungskomplexes zu unterschiedlich breiter Kompetenz der organisatorischen Einheiten. So kann eine Kundengliederung der zweiten Hierarchieebene organisatorische Teilbereiche etwa für die unterschiedlichen Kundengruppen der Unternehmung ergeben; diese Bereiche lassen sich selbst wiederum kundenorientiert (z.B. in Stellen) untergliedern, die auf einzelne (Groß-)Kunden ausgerichtet sind.

Kundenmanagementorganisation

1. *Begriff:* Konzept einer mehrdimensionalen Organisationsstruktur, bei dem eine gegebene Grundstruktur durch die organisatorische Verankerung von Kompetenz für die aus den einzelnen Kunden(-gruppen) einer Unternehmung resultierenden speziellen Aufgaben ergänzt wird.

2. *Formen:*

a) Die Institutionalisierung des Kundenmanagements kann auf einen organisatorischen Teilbereich beschränkt oder teilbereichsübergreifend sein.

b) Die Institutionalisierung kann in Form von Kernbereichen (Kernbereichs-Kundenmanagement), Richtlinienbereichen (Richtlinien-Kundenmanagement), Matrixbereichen (Matrix-Kundenmanagement; Matrixorganisation), Servicebereichen und Stäben (Stabs-Kundenmanagement) erfolgen.

3. Bei der *Auswahl* einer der sich hieraus ergebenden Gestaltungsalternativen sind die angestrebte Reichweite für die Berücksichtigung der Kundenmanagement-Perspektive im arbeitsteiligen Entscheidungsprozess der Unternehmung sowie die spezifischen Vor- und Nachteile der alternativen Bereichsformen abzuwägen.

Leitungsspanne

Führungsspanne, Kontrollspanne, Span of Control.

1. *Begriff:* Charakteristisches Merkmal eines Leitungssystems, das die Anzahl der Stellen ausdrückt, die einer Instanz direkt untergeordnet sind. Die Leitungsspanne kann dabei von Instanz zu Instanz variieren.

2. *Optimale bzw. maximale Leitungsspanne:* Angesichts der Grenzen der Leitungskapazitäten ergibt sich für die Organisationsgestaltung das Problem der Festlegung der maximalen bzw. optimalen Leitungsspanne. „Faustregeln" (Organisationsprinzipien) der älteren Organisationslehre und der Praxis, wonach die optimale Leitungsspanne zwischen drei und 25 Stellen umfasst und mit höheren Ebenen der Hierarchie abnimmt, können zumindest für eine pauschale Anwendung nicht hinreichend sachlogisch begründet und empirisch abgesichert werden. Die optimale Leitungsspanne ist vielmehr einzelfallabhängig nach einer Untersuchung der jeweiligen Einflussgrößen der Leitungskapazität und der aus den Anforderungen der Koordination resultierenden Leitungsbelastung der betrachteten Instanz festzulegen.

Leitungssystem

1. *Begriff:* Im Rahmen der Aufbauorganisation die Verknüpfung von Stellen durch Leitungsbeziehungen, die die Weisungsbefugnis der jeweils übergeordneten Instanz gegenüber den Handlungsträgern der untergeordneten organisatorischen Einheiten ausdrücken.

2. *Grundformen:*

(1) Einliniensystem;

(2) Mehrliniensystem;

(3) Stab-Linienorganisation.

Leitungstiefe

Gliederungstiefe, Instanztiefe.

1. *Begriff:* Charakteristisches Merkmal eines Leitungssystems, das die Anzahl der Ebenen der Hierarchie ausdrückt. Dabei ist es nicht notwendig, dass jeder organisatorische Teilbereich eine identische Leitungstiefe aufweist.

2. *Optimale Leitungstiefe:* Bei konstanter Zahl der Organisationsmitglieder führt eine Verringerung der Leitungstiefe zu einer Erhöhung der Leitungsspanne. Für jeden organisatorischen Teilbereich ist daher ein optimales Verhältnis von Leitungsspanne und Leitungstiefe wichtig. Eine Zunahme der Leitungstiefe beeinflusst die organisatorische Effizienz aufgrund der verlängerten Informations- und Kommunikationswege negativ.

Make or Buy

Eigenproduktion oder Fremdbezug; Entscheidungsproblem im Hinblick auf das Ausmaß der vertikalen Integration einer Unternehmung. Für jede Aktivität im Rahmen der betrieblichen Wertschöpfungskette stellt sich die Frage, ob diese besser vom Unternehmen selbst erbracht und koordiniert werden sollte oder ob diese Aktivität nicht kostengünstiger als Marktleistung von anderen Unternehmen hinzugekauft werden sollte. Bei der Kalkulation der Kosten sind nicht nur die aktivitätsbezogenen variablen und fixen Kosten (ggf. auch Opportunitätskosten) zu berücksichtigen, sondern auch die anfallenden Transaktionskosten, die bei der Koordination der Aktivität innerhalb des Unternehmen bzw. bei Bezug über den Markt anfallen.

Marketingorganisation

Marktorientierte, von der Marketingkonzeption beeinflusste Organisation der Unternehmung (Organisationsstruktur). Die Marketingorganisation umfasst alle generellen und dauerhaften Regelungen zur Erfüllung der mit der Teilfunktion Marketing verbundenen Aufgaben.

Gestaltungsfelder:

a) *Entscheidung,* ob überhaupt eine oder mehrere spezielle Organisationseinheiten (organisatorische Einheit) für Marketingaufgaben zu etablieren sind.

b) *Spezielle Marketingeinheiten* können an verschiedenen Stellen in der Unternehmungshierarchie platziert werden, besonders in einem Zentralbereich oder in den Geschäftsbereichen.

c) *Regelung* der Kooperation zwischen den verschiedenen Marketingfunktionen wie Werbung, Marktforschung etc. untereinander sowie zwischen diesen und anderen Funktionsbereichen wie etwa der Neuproduktentwicklung. Je nach Kompetenzausstattung kann eine Einheit dabei als Kernbereich, Richtlinienbereich, Matrixbereich, Servicebereich oder Stab ausgeformt werden.

d) Die *Hierarchieebene unterhalb der Marketingleitung* kann zum Beispiel nach verschiedenen Marketingfunktionen, nach Produkten oder nach Märkten (kundenorientierte oder regionale Marktsegmente) gegliedert werden. Zur Auswahl einer Gestaltungsform bedarf es einer Beurteilung der alternativenspezifischen Vor- und Nachteile (organisatorische Effizienz).

Marktgliederung

1. *Begriff:* Im Rahmen der organisatorischen Bereichsbildung die Spezialisierung der organisatorischen Einheit nach Marktmerkmalen; Spezialisierung erfolgt nach dem Objektprinzip.

2. *Kriterien einer Marktgliederung:* Unterscheidung zwischen stabilen und dynamischen Märkten, geografische Gesichtspunkte (Regionalgliederung), Kundenaspekte (Kundengliederung) u.a.

Marktmanagementorganisation

1. *Begriff:* Konzept einer mehrdimensionalen Organisationsstruktur, bei der eine gegebene Grundstruktur durch die organisatorische Verankerung von Kompetenz für die aus den einzelnen (meist Absatz-)Märkten einer Unternehmung resultierenden speziellen Aufgaben ergänzt wird.

2. *Formen:*

a) Die Institutionalisierung des Marktmanagements kann auf einen organisatorischen Teilbereich beschränkt oder teilbereichsübergreifend sein.

b) Die Institutionalisierung kann in Form von Kernbereichen (Kernbe-
reichs-Marktmanagement), Richtlinienbereichen (Richtlinien-Marktma-
nagement), Matrixbereichen (Matrix-Marktmanagement; Matrixorganisation), Servicebereichen (Service-Marktmanagement) oder Stäben
(Stabs-Marktmanagement) erfolgen.

3. Bei der *Auswahl* einer der sich hieraus ergebenden Gestaltungsalternativen sind die angestrebte Reichweite für die Berücksichtigung der Markt-
management-Perspektive im arbeitsteiligen Entscheidungsprozess der
Unternehmung sowie die spezifischen Vor- und Nachteile der alternativen
Bereichsformen abzuwägen.

Matrixorganisation

1. *Begriff:* Grundform einer mehrdimensionalen Organisationsstruktur, bei
der im Zuge der Bereichsbildung für sämtliche durch gleichzeitige Zerlegung eines Handlungskomplexes nach verschiedenen Gliederungskriterien gewonnenen Teilhandlungen (Spezialisierung) Entscheidungskompetenzen formuliert und auf Entscheidungseinheiten übertragen werden,
die nur gemeinsam Beschlüsse fassen dürfen. Die für mehrdimensionale Organisationsstrukturen charakteristische Berücksichtigung mehrerer Aspekte einer Handlung (etwa der Perspektive der Funktionen und der
Produkte im Entscheidungsprozess) erfolgt bei der Matrixorganisation
durch gleichberechtigte organisatorische Verankerung der Handlungsaspekte.

Beispiel: Abbildung „Matrixorganisation".

Matrixorganisation

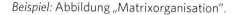

2. *Aufbau:* Die Matrixorganisation kann als Organisationsmodell auf der zweiten oder im Rahmen einer Teilbereichsorganisation auf niedrigeren Hierarchieebenen ansetzen. Sie ist meist mit einem Mehrliniensystem verbunden, sodass eine als Schnittstelle bezeichnete organisatorische Einheit Weisungen von mehreren hierarchisch übergeordneten Matrixeinheiten erhält; diese unterstehen gemeinsam wiederum einer als Matrixleitung fungierenden Instanz.

3. *Vorteile:* Vor allem die durch Vermeidung von Einseitigkeiten mögliche Verbesserung der Entscheidungsqualität und die Ausschaltung der spezifischen Stab-Linien-Konflikte.

4. *Nachteile:* Die praktisch nicht zu vermeidenden Kompetenzüberschneidungen zwischen den Entscheidungseinheiten mit potenziellen Konflikten.

Medium

Einrichtung zur Übermittlung von Informationen, Meinungen etc., v.a. Funk, Fernsehen, Presse und das Internet (Massenmedien).

Mehrdimensionale Organisationsstruktur

1. *Begriff:* Organisationsstruktur, bei der durch parallele Verwendung mehrerer Kriterien für die Bereichsbildung auf einer Hierarchieebene organisatorische Teilbereiche gebildet werden, die auf unterschiedliche Handlungsaspekte ausgerichtet sind. Es sollen gleichzeitig mehrere Dimensionen einer Handlung im Entscheidungsprozess berücksichtigt werden.

2. *Grundformen* richten sich nach dem Institutionalisierungsgrad der einzelnen Handlungsdimensionen genannten Bereichsbildungsprinzipien, wobei zwischen folgenden Prinzipien der Kompetenzverteilung gewählt werden kann:

(1) Ausgliederungsprinzip,

(2) Richtlinienprinzip,

(3) Matrixprinzip (Matrixorganisation),

(4) Serviceprinzip,

(5) Stabsprinzip (Stab-Linienorganisation).

3. *Konkrete Konzepte* (unter Rückgriff auf die Konstruktionselemente der Stab-Linien- oder der Matrixorganisation): Funktionsmanagementorganisation, Produktmanagementorganisation, Marktmanagementorganisation, Kundenmanagementorganisation, Regionalmanagementorganisation u.a.

4. *Vorteil:* (Angestrebte) Verbesserung der Entscheidungsqualität.

5. *Nachteil:* Erhöhte Anforderungen an die Koordination.

Mehrheitsprinzip

Prinzip der Willensbildung, bei dem die Mehrheit entscheidet (Stimmenmehrheit, Mehrheitswahl).

Mehrliniensystem

1. *Begriff:* Grundform eines Leitungssystems, bei der hierarchisch untergeordnete organisatorische Einheiten Weisungen von jeweils mehreren

Instanzen erhalten *(Mehrlinienprinzip)*; geht zurück auf das von Taylor geprägte Funktionsmeistersystem.

2. *Anwendung:* Das Mehrliniensystem wird häufig im Zusammenhang mit der Matrixorganisation angewendet.

3. *Vorteile:* Entlastung und Spezialisierung der Instanzen; Beschleunigung und Flexibilisierung der Kommunikation bei Einschränkung der Möglichkeiten einer Informationsfilterung.

4. *Nachteile:* V.a. meist unvermeidbare Kompetenzüberschneidungen zwischen den weisungsbefugten Instanzen und daraus resultierende potenzielle Konflikte.

Mehrstufiger Betrieb

1. *Begriff:* Innerbetriebliche Organisationsform von Industriebetrieben. Auf dem Weg des Erzeugnisses vom Urprodukt zum Endprodukt werden mehrere hintereinander liegende Erzeugnisstufen mit marktgängigen Zwischenfabrikaten zusammengefasst, z.B. Braunkohlengrube und Brikettfabrik; Eisenerzgewinnung, Hochofen, Stahlwerk, Walzwerk, Maschinenfabrik.

2. *Vorteile:*

(1) Kostensenkung durch kürzere Transportwege, bessere Kapazitätsausnutzung von Hilfsbetrieben sowie der Einkaufs-, Verwaltungs- und Vertriebsorganisation;

(2) Sicherung der Beschäftigung der Vor- und Zwischenerzeugnisse herstellenden Betriebsteile;

(3) Sicherung gleichmäßiger Qualität für die nachgelagerten Stufen.

Mitteilung

Schriftliche oder mündliche Form der Kommunikation zwischen über- und untergeordneten sowie gleichberechtigten Stellen. Wird als Aktennotiz, Bericht, Kopie zur Kenntnis gegeben.

Modularisierung

Bildung organisatorischer Einheiten als unternehmerische, sich wechselseitig ergänzende Grundbausteine, die in Abhängigkeit von der konkreten
Situation und der zu bewältigenden Aufgabe jeweils unterschiedlich kombiniert werden können. Diese modularen Einheiten zeichnen sich durch
eine relativ geringe Größe und gute Überschaubarkeit aus. Bei der organisatorischen Gestaltung werden sie oft mit umfassenden Kompetenzen
und (Ergebnis-)Verantwortung ausgestattet (Profitcenter). Dies setzt in
der Regel eine hinreichende Qualifikation und Motivation der betroffenen
Organisationsmitglieder voraus. Zur Verknüpfung der organisatorischen
Einheiten ist die Nutzung moderner Informations- und Kommunikationstechnik notwendig. Das Prinzip der Modularisierung wird v.a. von neueren
Organisationskonzepten, wie der virtuellen Organisation, propagiert.

Netzwerkorganisation

Intermediäre Form der Organisation ökonomischer Aktivitäten zwischen Markt und Hierarchie. Bei der (seltener betrachteten) *intraorganisationalen* Netzwerkorganisation gehören die einzelnen Einheiten der Netzwerkorganisation zwar einem rechtlich selbstständigen Unternehmen an, für deren Koordination wird jedoch verstärkt auf Marktmechanismen zurückgegriffen. Im Fall einer *interorganisationalen* Netzwerkorganisation hingegen schließen sich mehrere rechtlich selbstständige, wirtschaftlich allerdings interdependente Unternehmen zusammen, um durch die wechselseitige Ergänzung oder Bildung von Kernkompetenzen Wettbewerbsvorteile zu erzielen. Durch die Netzwerkorganisation sollen (z.B. Skalen-)Vorteile des vertikal integrierten Großunternehmens und (besondere Flexibilitäts-)Vorteile kleiner Unternehmen kombiniert werden. Aufgrund der vergleichsweise ausgeprägten Autonomie der beteiligten Unternehmen stellt die Netzwerkorganisation ein *polyzentrisches* System dar, das sich durch komplexe, eher kooperative und mehr oder weniger stabile Beziehungen zwischen den Partnern auszeichnet. Wenn die Bildung einer Netzwerkorganisation strategisch motiviert ist und das Netzwerk ein strategisch führendes (fokales) Unternehmen besitzt (Strategie), spricht man von einem *strategischen Netzwerk* (z.B. die japanischen Keiretsu). Im Gegensatz dazu verfügt das *regionale Netzwerk,* das eine ausgeprägte räumliche Konzentration der (meist kleineren) der Netzwerkorganisation angehörenden Unternehmen aufweist, eher über eine informale Struktur und emergente Strategien.

Objektprinzip

1. *Begriff:* Organisationsprinzip im Rahmen von Aufgabenanalyse und Aufgabensynthese, welches sich am Aufgabenmerkmal Objekt orientiert.

2. *Charakterisierung:* Bei Anwendung des Objektprinzips werden Aufgabenkomplexe in Teilaufgaben für jeweils unterschiedliche Aufgabenobjekte zerlegt und im Zuge der Bereichsbildung Teilaufgaben für jeweils gleichartige Objekte auf organisatorische Einheiten übertragen (*Objektgliederung*).

3. *Formen:* Aus der Anwendung des Objektprinzips bei der Gestaltung der grundlegenden Organisation einer Unternehmung folgt die divisionale Organisation (Divisionalorganisation).

Bei der *organisatorischen Gestaltung des Produktionsbereiches* folgen aus dem Objektprinzip die Produktionstypen der Fließproduktion und der Zentrenproduktion.

Öffentlichkeitsarbeit

1. *Begriff:* Öffentlichkeitsarbeit gilt als deutsche Übersetzung von Public Relations (PR).

2. *Ziel:* Das Ziel von Öffentlichkeitsarbeit wird zentral mit dem Aufbau von Bekanntheit als eine Basis von Vertrauen angegeben, um Reputation zu erlangen. Vertrauen und Bekanntheit gelten als erfolgskritische Größen, da sie als sogenannte weiche Faktoren die Erreichung von Erfolgszielen z.B. bei Vertragsabschlüssen beeinflussen.

3. *Aspekte:* Der Begriff Öffentlichkeitsarbeit hat sich mit der Suche nach einer deutschen Kennzeichnung für Public Relations in den 1950er- und 1960er-Jahren durchgesetzt und prägt damit die hiesige Entwicklung von PR als Managementfunktion. Der PR-Begriff changiert inhaltlich und damit das, was mit Öffentlichkeitsarbeit gemeint ist. Zum einen wird er als operatives Kommunikationsinstrument (Pressearbeit, Eventkommunikation, Sponsoring etc.) zum Beispiel im Marketing-Mix besprochen. Zum anderen wird Öffentlichkeitsarbeit als strategische Führungsaufgabe bezeichnet, beispielsweise um Positionierungsstrategien zu entwickeln und umzusetzen. Daher bietet es sich an, Öffentlichkeitsarbeit im weiteren und engeren Sinne zu unterscheiden: Im weiteren Sinne entspricht Öffentlichkeitsarbeit der Unternehmenskommunikation. Öffentlichkeitsarbeit im engeren Sinne bezeichnet die operative Ebene, für die die Presse- und Medienarbeit als Kerndisziplinen gelten.

Wenn Öffentlichkeitsarbeit die deutsche Übersetzung von Public Relations („öffentliche Beziehungen") ist, kommt neben dem instrumentell-operativen und dem strategischen Öffentlichkeitsbegriff darüber hinaus die Beziehung als struktureller Öffentlichkeitsarbeitbegriff hinzu. Öffentliche Beziehungen entstehen aus für Organisationen handlungsrelevanten Beobachtungen von Teilöffentlichkeiten. Die Kombination der drei Öffentlichkeitsarbeitbegriffe charakterisiert PR als angewendetes Reputationsmanagement.

4. *Abgrenzung:* Zur Abgrenzung wird auf den Begriff der Unternehmenskommunikation verwiesen, der mit PR im weiteren Sinne gleichgesetzt wird.

Organigramm

Organisationsplan, Organisationsschaubild, Strukturschaubild; Hilfsmittel der Organisation zur Darstellung von Strukturen.

1. *Organigramm der Aufbauorganisation* bildet das System der organisatorischen Einheiten ab. Es veranschaulicht v.a. die Aufgabengliederung (Zerlegung eines Aufgabenkomplexes in Teilaufgaben) bzw. die Gliederung der Stellen und Abteilungen (häufig pyramidenförmige Darstellung) sowie die Kommunikationsbeziehungen zwischen den organisatorischen Einheiten (Bereichsbildung).

Beispiele: Funktionalorganisation, Matrixorganisation, Regionalorganisation, Spartenorganisation.

2. *Organigramm der Ablauforganisation* bildet die Arbeitsfolgen in zeitlicher oder in räumlicher (Weg-, Lauf- und Verkehrs-Organigramm) ab. Arbeitsgliederungs-Organigramme stellen die Zerlegung von Aufgaben in Arbeitsgänge und Gangelemente, Besetzungs-Organigramme die zeitliche Beanspruchung von Personen oder sachlichen Hilfsmitteln im zeitlichen Nacheinander dar; Harmonogramme beschreiben (gleichzeitige) Arbeitsfolgen in räumlicher und zeitlicher Hinsicht.

3. Organigramme können jeweils durch textliche organisatorische Beschreibungen *ergänzt* werden (z.B. Stellenbeschreibungen, Organisationsanweisungen, Organisationshandbücher; Geschäftsverteilungsplan).

Organisation

I. *Grundlagen*

Der Begriff der Organisation lässt sich nicht eindeutig definieren. Die Begriffslegung ist abhängig von der jeweils zugrundegelegten organisations-theoretischen Herangehensweise. Im Rahmen dieser Definition wird unter Organisation das formale Regelwerk eines arbeitsteiligen Systems verstanden. Informale Regelungen werden nicht betrachtet. Derartige organisatorische Regelungen lassen sich in zwei Klassen einordnen, die quasi als zwei Seiten einer „Organisationsmedaille" zu verstehen sind: Es sind dies die zu wählende(n) Spezialisierungsart(en) und die zu wählende(n) Koordinationsform(en).

Während die *Spezialisierung* fragt, wie eine Aufgabe am sinnvollsten arbeitsteilig erledigt werden kann, beschäftigt sich die *Koordination* mit der Frage, wie arbeitsteilige Prozesse effizient zu strukturieren sind. Immer dort, wo es zur Arbeitsteilung kommt, ist Koordination notwendig. Umgekehrt: Wo keine Spezialisierung vorliegt, ist auch Koordination entbehrlich.

II. *Organisatorische Regelungen zur Arbeitsteilung (Spezialisierung)*

Mit der Spezialisierung wird eine Erhöhung der Wirtschaftlichkeit betrieblicher Prozesse und Vorgänge angestrebt, dabei ist neben der Frage nach der zu wählenden Spezialisierungsart auch die Frage nach dem Ausmaß der Spezialisierung zu beantworten. Allerdings ist zu beachten, dass eine einmal gewählte Spezialisierung nicht auf Dauer effizient sein muss. Die Notwendigkeit des Wechsels der Spezialisierung wird in aller Regel durch folgende Ereignisse signalisiert: Warteschlangen, Qualitätsmängel, Nacharbeit, überforderte Vorgesetzte, Absentismus, Fluktuation, Unelastizität bei Spitzenbelastungen, Beschäftigungsunterschiede bei einzelnen Abteilungen, Kommissionswirrwarr, bürokratische Wasserköpfe etc. Notwendigkeit und Nutzen des Wechsels der Spezialisierungsform sind insbesondere am Beispiel des Wechsels von der Funktional- zur Geschäftsbereichsorganisation vielfach untersucht und bestätigt worden. Die folgenden grundlegenden Formen der Arbeitsteilung gilt es zu unterscheiden:

1. *Spezialisierung nach Verrichtungen oder Funktionen:* Die Aufgabe wird daraufhin analysiert, welche Tätigkeiten notwendig sind, um sie zu erfüllen. Es werden dann alle Tätigkeiten der gleichen Art zusammengefasst und zur Grundlage der Stellenbildung gemacht. Gliedert man ein gesamtes Unternehmen nach Verrichtungen, entsteht die so genannte Funktionalorganisation mit den Abteilungen Beschaffung und Logistik, Produktion, Absatz, Forschung und Entwicklung sowie Verwaltung. Es wandert oder wechselt das zu bearbeitende Objekt. Es werden stets die gleichen Verrichtungen an unterschiedlichen Objekten durchgeführt. Diese Spezialisierung erfordert den Verrichtungsspezialisten, der in der Lage ist, die gleichen Verrichtungen an unterschiedlichen Objekten (z.B. Materialien oder Produkten), gegebenenfalls auch mit unterschiedlichen Werkzeugen ausführen zu können. Ein Wechsel der Objekte ist kostengünstiger (einfacher, konfliktärmer, qualitativ besser) als der Wechsel der Verrichtungen.

2. *Spezialisierung nach Objekten:* Jede Arbeit lässt sich als eine Menge von Verrichtungen an einer Menge von Objekten begreifen. Objekte sind zunächst die Einsatzmaterialien, sodann die Zwischenprodukte und dann die Endprodukte. Der Objektbegriff ist dabei sehr flexibel. Objekte im organisatorischen Sinn können auch einzelne Kunden oder Kundengruppen sein. Bei der Aufgabenanalyse werden alle Objekte der gleichen Art zusammengefasst und zur Grundlage der Stellenbildung gemacht. Auf der Ebene der gesamten Unternehmung ist die sogenannte Geschäftsbereichsorganisation eine nach Objekten spezialisierte Organisationsform. Sie besteht aus mehreren Geschäftsbereichen, in denen jeweils unterschiedliche, nach Technologie und/oder Marktbeziehungen unterscheidbare Produktgruppen produziert und abgesetzt werden. In diesen Fällen bleibt das Objekt der Art nach das gleiche, es wechseln aber die Verrichtungen. Diese Spezialisierung erfordert den Objektspezialisten, der in der Lage ist, unterschiedliche Verrichtungen an jeweils dem gleichen Objekt durchzuführen. Ein Wechsel der Verrichtungen ist kostengünstiger (einfacher, konfliktärmer, qualitativ besser) als der Wechsel der Objekte.

3. *Spezialisierung nach Raum:* Bei dieser Spezialisierungsform werden die Aufgaben daraufhin analysiert, an welchen geografisch bestimmbaren Orten sie durchgeführt werden. Für die Stellenbildung werden alle die Aufgaben zusammengefasst, die innerhalb eines bestimmbaren geografischen Raumes ablaufen. Ein klassisches Beispiel für diese Form der Spezialisierung ist die Filialorganisation der Banken, Versicherungen und großen Handelsunternehmen. Auch die Auslandtätigkeit wird vielfach nach räumlichen Kriterien organisiert. Der Träger der räumlichen Spezialisierung ist der Ortskenner oder der Länderexperte. Auch hier gilt: Er bearbeitet unterschiedliche Objekte mit unterschiedlichen Verrichtungen, aber nur, wenn sie in seine räumliche Zuständigkeit fallen. Ein Wechsel dieser räumlichen Ordnung ist teurer als der Wechsel der Verrichtungen oder der Objekte.

4. *Mischformen:* In der Realität sind diese Kriterien vielfach vermischt angewendet. Das oberste Kriterium für die Erfolgsbeurteilung von Spezialisierungsformen ist nicht etwa die ausschließliche Orientierung an einem einzigen Kriterium, sondern vielmehr die Lückenlosigkeit und Überschneidungsfreiheit, denn diese wären die Ursachen für Untätigkeit oder für Doppelarbeit. Eine Mischung der Spezialisierungsarten kann dabei auf einer Dimension erfolgen, es können jedoch auch mehrdimensionale Mischungen der Spezialisierungsarten vorliegen, wie z.B. bei der Matrix- oder Tensororganisation.

III. *Organisatorische Regelungen zur Arbeitsintegration (Koordination)*

Folgt man dem Effizienzpostulat der Spezialisierung, so steht am Ende eines solchen Prozesses die Aufteilung der Aktivitäten zur Erstellung der Unternehmensaufgabe auf eine größere Anzahl von Personen oder Institutionen. Damit sind die Aufgaben erfolgreicher Koordination vorgezeichnet:

Ausrichtung der Aktivitäten auf ein Ziel: Koordination führt dazu, dass die Komponenten der Zielsetzung stets bewusst gemacht werden, in der täglichen Arbeit einheitlich angewandt werden und gegebenenfalls auf Verbesserungs- und Änderungsmöglichkeiten hin überprüft werden.

Vermeidung überflüssiger Arbeit: Koordination trägt dazu bei, dass die Arbeitsabläufe so gestaltet werden, dass Doppelarbeit vermieden wird und sich eine optimale Reihenfolge realisieren lässt.

Verteilung knapper Ressourcen: Koordination löst Verteilungskonflikte.

Herstellung eines einheitlichen Wissenstandes: Koordination gleicht Wissens- und Wahrnehmungsunterschiede unter den Beteiligten und Betroffenen aus.

Im Rahmen der organisatorischen Auswahlentscheidung stehen nun eine Vielzahl von Instrumenten zu Verfügung, mit deren Hilfe sich diese Koordinationsaufgaben lösen lassen.

1. *Hierarchie als zentrales Instrument der Koordination:* Die gleichsam natürliche Form der Koordination erfolgt durch Bildung einer Hierarchie: Es wird eine Konstellation von Vorgesetzten und Mitarbeitern geschaffen. Eine Hierarchie entsteht dadurch, dass derartige Beziehungen zwischen einer auftraggebenden und einer auftragnehmenden Instanz in der Breite (auf mehrere Untergebene) und in die Tiefe (auf mehrere Ebenen) ausgedehnt werden. Diese Koordinationsleistung der Hierarchie soll bewusst, überlegt und dauerhaft erfolgen. Man macht sie den Beteiligten zweckmäßigerweise durch Stellenbeschreibungen bewusst.

2. *Maßnahmen der Ergänzung hierarchischer Koordination:* Hierarchische Koordination hat Grenzen. So darf z.B. die sog. Leitungsspanne von Führungskräften nicht unkontrolliert wachsen. Diese Leitungsspanne kann zwar bei sehr einfachen Tätigkeiten der Mitarbeiter höher sein. Maßgeblich für die Begrenzung der Leitungsspanne ist die zeitliche, intellektuelle und psychische Kapazität des Vorgesetzten. Hält man bei der Koordination ausschließlich an dem hierarchischen Prinzip fest, so erfolgt die Anpassung an steigenden Aufgabenumfang dadurch, dass die Hierarchie zunächst in die Breite und dann in die Tiefe wächst. Dabei wird immer deutlicher bewusst, dass die Hierarchie in geeigneter Weise zu ergänzen ist. Die traditionellen Formen der Hierarchieergänzung sind die folgenden:

Stäbe: Stäbe sind organisatorische Einheiten (Stellen) ohne Entscheidungskompetenz. Sie werden entweder als Spezialisten für bestimmte Fachfragen herangezogen, z.B. als Syndikus oder als juristische Abteilung. Oder sie sind einzelnen Führungskräften als Assistenten zugeordnet, um diese in ihrer Führungstätigkeit zu unterstützen, v.a. durch Beschaffung, Verarbeitung und Aufbereitung von Informationen.

Kommissionen: Kommissionen sind institutionalisierte Personenmehrheiten (drei oder mehr) aus unterschiedlichen Instanzenzügen. Sie haben als „stehende Gremien" eine Daueraufgabe (z.B. monatliche Planabstimmung) oder als Projekt-Ausschüsse eine befristete, gesondert definierte Aufgabe (z.B. eine Umorganisation). Durch die Einbeziehung mehrerer Ressorts sollen unterschiedliche Sachgesichtspunkte berücksichtigt werden. Kommissionen verkürzen die Informationswege und sorgen für gleichzeitige und gleichartige Informationsversorgung der Anwesenden. Sie reduzieren somit Wahrnehmungs- und Wissenskonflikte, erlauben Rückfragen und gemeinsame Lernprozesse.

Programme (Ablaufregelungen): Spezialisierung trennt, Koordination fügt wieder zusammen. Wenn Spezialisierung die Arbeit zeitlich trennt, in einzelne Phasen und noch weiter in einzelne Arbeitsgänge zerlegt, dann ist Koordination nötig, um diese einzelnen Teilschritte wieder zu einem Gesamtprozess zusammenzufügen. Die so genannte Ablauforganisation hat unter diesem Koordinationsaspekt die Reihenfolge der einzelnen Schritte festzulegen, Parallelarbeit zu ermöglichen und Wartezeiten zu verhindern oder zu vermindern, Termine für Beginn, Zwischenergebnisse und Ende des Prozesses oder einzelner Phasen zu setzen und damit Fristen oder Geschwindigkeiten zu bestimmen. Die koordinierende Leistung von Programmen liegt darin, dass sie gleichartigen und gleichbleibenden Leistungsvollzug ermöglichen, und das sehr wirtschaftlich. Programme mindern Schwächen und Defekte individuellen Problemlösungsverhaltens, geben unpersönliche Handlungsimpulse zur Interaktion, verhindern das Übersehen von Problemaspekten und sorgen für gleichmäßige Information.

Projektorganisation: Organisation soll den dauerhaften Vollzug der Leistungserstellung und -verwertung möglichst kostengünstig, reibungsarm, qualitätssichernd und schnell ermöglichen. Wenn daneben aber Probleme auftreten, die einmalig oder gar erstmalig zu lösen sind, so genannte konstitutive und innovative Probleme, dann ist die Organisation überfordert. In dieser Situation hat sich Projektmanagement bewährt. Es handelt sich dabei um eine grundsätzlich befristete, auf die Erfüllung einer genau definierten Aufgabe zugeschnittene Zuständigkeit. Der zuständige Projektmanager ist gesondert zu ernennen und wird zur Lösung seiner Aufgabe mit Mitarbeitern ausgestattet, die entweder in Voll- (reines Projektmanagement) oder in Teilzeitarbeit (Matrix-Projektmanagement) an diesem Projekt mitarbeiten. Die Koordinationsleistung des Projektmanagements liegt vor allem darin, dass das konstitutive oder innovative Problem systematisch unter Nutzung des gesamten Potenzials der Unternehmung gelöst, die Entscheidung bereits mit der Implementierung verflochten und die Gefahr von Insellösungen vermieden werden kann.

IV. Organisation als bewusster Verzicht auf organisatorische Regelungsmechanismen

Die Beobachtung ist sicherlich nicht neu, dass sich ein Teil der Unternehmen bei zunehmender Unternehmensgröße der wachsenden Bürokratisierung zu entziehen versucht, indem sie statt der Bürokratie eine Dezentralisation anstreben. Dezentralisation bedeutet dabei: Verlagerung von Entscheidungskompetenzen an untergeordnete Stellen, im Extremfall sogar eine Ausgliederung bestimmter organisatorischer Teilbereiche aus dem Unternehmen. Geleitet werden derartige Entscheidungen von dem auf dem Transaktionskostenansatz aufbauenden Lean-Management-Konzept. Dieses zwingt, ständig über die Grenzen der Unternehmung nachzudenken. Oder anders: Es gibt der Unternehmensleitung beständig auf zu fragen, ob bestimmte Funktionen nicht kostengünstiger durch Marktpartner erbracht werden können und deshalb aus der Unternehmung auszugliedern sind. Das Unternehmen soll sich von allen den Teilbereichen trennen, die wenig zur Wertschöpfung beitragen, von Externen mit der gleichen Zuverlässigkeit und Qualität erbracht werden können und die innerbetrieblich nur Koordinationskosten verursachen. Es ist dann nur konsequent, dass auch ganze Führungsebenen eingespart werden, die zuvor mit der Koordination beschäftigt waren.

An die Stelle der innerbetrieblichen Koordination tritt damit die Kooperation mit Marktpartnern. Diese unterscheidet sich möglicherweise von der traditionellen Einkaufsbeziehung, dass sie auf längere Frist vereinbart, durch Einführung gemeinsamer Qualitäts- und Abmessungsstandards stabilisiert und vielleicht sogar durch Lieferantenwerkstätten auf dem eigenen Werksgelände sichtbar fixiert wird. Die Ausgliederung betrieblicher Funktionen auf selbständige Marktpartner ist die konsequenteste Form, die Hierarchie zu ersetzen. Eine so genannte hybride Form liegt darin, innerbetriebliche Märkte und Verrechnungspreise einzuführen.

Organisation ad personam

Personelle Betriebsorganisation; Abgrenzung der Kompetenzen im Rahmen der Organisationsgestaltung nach Maßgabe der Vorstellungen bzw. Präferenzen oder auch Eignungen eines Handlungsträgers mit ausgeprägter Persönlichkeit oder Machtstellung in der Unternehmung (z.B. Eigentümer-Unternehmer). Beim Ausscheiden der betreffenden Person entstehen in der Regel Nachfolgeprobleme oder Kosten der Reorganisation.

Organisation der Unternehmungsleitung

1. Begriff: Die organisatorische Regelung der Handlungen in der (multipersonalen) Spitzeneinheit der Unternehmungshierarchie (Hierarchie) und der Beziehungen zwischen Hierarchiespitze und nachgelagerten Hierarchieebenen.

2. Formen nach der Arbeitsteilung innerhalb der Spitzeneinheit:

a) *Ressortgebundene Unternehmungsführung:* Die Mitglieder der Pluralinstanz an der Spitze der Hierarchie fungieren neben ihrer Mitwirkung an der Unternehmungsleitung zugleich jeweils auch als Leiter der einzelnen organisatorischen Teilbereiche auf der nachfolgenden Hierarchieebene; beruht auf dem Prinzip der Ressortkollegialität.

b) *Ressortlose Unternehmungsführung:* Die Mitglieder der Spitzeneinheit werden lediglich im Rahmen der gemeinsamen Unternehmungsleitung tätig und übernehmen persönlich allenfalls entscheidungsvorbereitende „Sprecherfunktionen" für unterschiedliche Problemaspekte der Leitung.

3. *Rechtliche Regelung:* Die Organisation der Unternehmungsleitung unterliegt in hohem Maße den Bestimmungen des Organisationsrechts.

Organisation des Organisationsmanagements

Gestaltungsproblem der Teilbereichsorganisation. Die Organisation des Organisationsmanagements umfasst alle generellen und dauerhaften Regelungen zur Erfüllung der mit der Teilfunktion Organisationsmanagement verbundenen Aufgaben.

Gestaltungsfelder:

(1) Entscheidung, ob die Organisationsarbeit überhaupt speziellen organisatorischen Einheiten (Organisationsmanagern) zugeordnet oder operativen Einheiten (z.B. organisierenden Managern oder betroffenen Mitarbeitern) übertragen wird.

(2) Spezielle Organisationsabteilungen können an verschiedenen Stellen in der Unternehmungshierarchie platziert werden, besonders in einem Zentralbereich oder in den Geschäftsbereichen.

(3) Regelung der Kooperation zwischen mehreren Organisationsabteilungen sowie zwischen der Organisationsabteilung und den Geschäftsbereichen. Je nach Kompetenzausstattung kann eine Einheit dabei als Kernbereich, Richtlinienbereich, Matrixbereich, Servicebereich oder Stab ausgeformt werden.

(4) Die interne Gliederung einer Organisationsabteilung kann z.B. objektorientiert (nach den zu organisierenden Unternehmungsbereichen) oder verrichtungsorientiert (nach den Organisationsaufgaben) erfolgen. Zur

Auswahl einer Gestaltungsform bedarf es einer Beurteilung der alternativenspezifischen Vor- und Nachteile (organisatorische Effizienz).

Organisationsbegriff

In der Organisationstheorie in drei unterschiedlichen Grundverständnissen verwendet.

1. *Institutionaler Organisationsbegriff* („Die Unternehmung ist eine Organisation"): Die verschiedenartigsten arbeitsteiligen Institutionen, z.b. Behörden, Krankenhäuser, Unternehmungen, Hochschulen, werden insgesamt als Organisationen verstanden und organisationswissenschaftlich untersucht. Dies ist im Allgemeinen das Begriffsverständis der angelsächsischen Organisationsforschung.

2. *Instrumentaler Organisationsbegriff* („Die Unternehmung hat eine Organisation"): Mit dem System der offiziell verkündeten, generell gültigen und auf Dauer angelegten Kompetenzen wird eine spezielle Eigenschaft (meist) von Unternehmungen als Organisation (im Gegensatz zur Disposition und Improvisation) bezeichnet. Dies ist im Allgemeinen das Begriffsverständnis der deutschsprachigen Organisationsforschung.

3. *Funktionaler Organisationsbegriff:* Die Tätigkeit der Gestaltung der Organisationsstruktur wird als Organisation bezeichnet. Je nach Verwendung des Organisationsbegriffs ergeben sich differenzierte Akzentuierungen in den Problemstellungen der Organisationsforschung.

Organisationsentwicklung

1. *Begriff:* Strategie des geplanten und systematischen Wandels, der durch die Beeinflussung der Organisationsstruktur, Unternehmenskultur und individuellem Verhalten zustande kommt, und zwar unter größtmöglicher Beteiligung der betroffenen Arbeitnehmer. Zielsetzung ist einerseits, der Leistungsfähigkeit der Organisation, und andererseits der Entfaltung der einzelnen Organisationsmitglieder zu dienen. Die gewählte ganzheitliche Perspektive berücksichtigt die Wechselwirkungen zwischen Individuen, Gruppen, Organisationen, Technologie, Umwelt, Zeit sowie die

Kommunikationsmuster, Wertestrukturen, Machtkonstellationen etc., die in der jeweiligen Organisation real existieren.

2. *Ziele:* Die Verbesserung der organisatorischen Leistungsfähigkeit zur Erreichung der strategischen Ziele der Unternehmung und die Verbesserung der Qualität des Arbeitslebens für die in ihr beschäftigten Mitarbeiter (Humanisierung der Arbeit).

Organisationsfehler

Fehler in der systematischen Ordnung einer größeren Anzahl von Gliedern (Organisation). Im Sinn der Unternehmungsziele kontraproduktive Organisationsgestaltung, z.B. unklare Kompetenzabgrenzung, zu große Leitungsspannen, zu hohe Entscheidungszentralisation, Überorganisation und Unterorganisation. Infolge der Messprobleme der organisatorischen Effizienz lassen sich nicht alle, sondern meist nur grobe Organisationsfehler feststellen bzw. vermeiden.

Organisationsgestaltung

Nach dem funktionalen Organisationsbegriff die Tätigkeit der Ausformung der Organisationsstruktur durch Organisationsplanung, Organisationsrealisation und Organisationskontrolle, wobei sie sich auf das Instrumentarium der Organisationsmethodik stützen kann. Ein ganzheitliches Konzept für eine strategische Organisationsgestaltung stellt die Organisationsentwicklung dar.

Organisationsgrad

1. *Begriff:* Ausmaß, in dem das Verhalten der Organisationsteilnehmer durch Vorschriften, Normen und Regeln formalisiert ist. Organisationsgrad gibt die Relation von Organisation zu Disposition an.

2. Die *Bestimmung* des für den Einzelfall bestgeeigneten Organisationsgrad ist ein Optimierungsproblem, das wegen der Vielschichtigkeit und Komplexität vor allem qualitativer Einflussfaktoren allenfalls einer heuristischen Lösung zugänglich ist (organisatorische Effizienz). Die Frage nach

dem optimalen Organisationsgrad ist dabei eng mit den Grenzen von Spezialisierung und Koordination verbunden.

Organisationsimplementation

Alle Aktivitäten zur Durchsetzung und Umsetzung der geplanten organisatorischen Änderungen.

Organisationskontrolle

Rückkoppelung zwischen Organisationsrealisation und Organisationsplanung, bezogen auf alle Phasen des organisatorischen Gestaltungsprozesses zwecks Überprüfung der Zweckmäßigkeit der aktuellen Organisationsstruktur.

Organisationskultur

System gemeinsam geteilter Muster des Denkens, Fühlens und Handelns
sowie der sie vermittelnden Normen, Werte und Symbole innerhalb einer
Organisation. Zur Analyse einer Organisationskultur werden häufig drei
Kulturebenen unterschieden, nämlich ihre Basis-Annahmen, Normen und
Standards sowie Symbolsysteme. Organisationskultur kann der Motivation der Organisationsmitglieder dienen, indem deren individuelle Präferenzen den kollektiven Zielen der Organisation angenähert werden. Strittig
ist die Möglichkeit einer gezielten Veränderbarkeit der Organisationskultur. Während *Kulturingenieure* annehmen, dass Organisationskultur zum
Gegenstand eines geplanten Wandels gemacht werden kann, stehen *Kul-
turalisten* dieser Position ablehnend gegenüber, da sie die Organisationskultur als eine organisch gewachsene, sich einer gezielten Veränderung
entziehende Lebenswelt betrachten. Ähnlich dem Organisationsbegriff
können ein *institutionaler* und ein *instrumentaler* Begriff der Organisationskultur unterschieden werden.

Organisationsmanagement

Alle mit der Gestaltung der Organisationsstruktur einer Unternehmung
verbundenen Aufgaben.

1. *Kernaufgaben des Organisationsmanagements:* Konzipierung und Implementierung (Organisationsimplementation) der Aufbauorganisation und der Ablauforganisation (Organisationsgestaltung).

2. *Zusatzaufgaben:* Ausstattung von Organisationseinheiten mit Sachmitteln sowie Erstellung und Pflege von Organigrammen, Stellenbeschreibungen, Ablaufplänen, Organisationshandbüchern etc. zur Dokumentation der Strukturen und Prozesse. Die Aufgaben können entweder intern auf spezialisierte Organisationsmanager bzw. auf organisierende Manager oder extern auf Unternehmungsberater übertragen werden (Organisation des Organisationsmanagements).

Organisationsmethodik

Organisationsanalyse, Organisationsuntersuchung; Regeln und Techniken des planmäßigen Vorgehens bei der Organisationsgestaltung bzw. Reorganisation.

Verfahren: Aufgabenanalyse, Aufgabensynthese.

Organisationsmitglieder

1. *Begriff:* Die in einer Organisation (institutionaler Organisationsbegriff) handelnden, auf das Organisationsziel verpflichteten Personen.

2. Die *Aufgaben* der Organisationsmitglieder leiten sich aus diesem Ziel her.

3. Die *Beziehungen* der Organisationsmitglieder untereinander, ihre Über- und Unterstellung sind, soweit sie Ausdruck der formalen Organisation sind, in Organigrammen dargestellt; die sich unter den Organisationsmitgliedern „von selbst" ausbildenden Beziehungen werden als informelle Organisation erfasst.

Organisationsmodell

Die sich bei der Kompetenzabgrenzung auf der zweiten Hierarchieebene einer Unternehmung ergebende Organisationsstruktur.

Organisationsplanung

Entscheidungen über zukünftige Strukturtatbestände der Unternehmung, strategische Teilplanung. Anlässe sind Neugründung oder Reorganisation, veranlasst durch sachliche, organisatorische oder persönliche Motive.

Organisationsprinzipien

Grundsätzliche Aussagen über eine möglichst zweckmäßige Gestaltung der Organisationsstruktur, zum Beispiel bezüglich Zentralisation, Dezentralisation, Leitungsspanne, Kongruenz von Aufgabe, Kompetenz und Verantwortung. Organisationsprinzipien geben pragmatische Gestaltungshinweise, ihre Allgemeingültigkeit unterliegt infolge der Probleme bei der Messung der organisatorischen Effizienz starken Einschränkungen.

Organisationsrealisation

Verwirklichung des geplanten organisatorischen Wandels (Organisationsentwicklung).

Organisationsrecht

1. *Organisationsrecht im weiteren Sinne:* Die Gesamtheit aller Rechtsnormen, die an der Organisation (nach dem instrumentalen und dem funktionalen Organisationsbegriff) arbeitsteiliger Handlungssysteme anknüpfen. Diese organisationsrelevanten juristischen Vorschriften sind nicht geschlossen kodifiziert, sondern entstammen einer nur schwer überschaubaren Vielzahl unterschiedlicher Rechtsquellen.

2. *Organisationsrecht im engeren Sinne:* Die betrachteten Handlungssysteme sind auf die privatautonomen, unter einheitlicher Leitung stehenden wirtschaftlichen Veranstaltungen (Unternehmungen) eingeschränkt.

Organisationsstruktur

I. Begriff

System von Regelungen in Organisationen. Die Organisationsstruktur bildet das vertikal und horizontal gegliederte System der Kompetenzen ab, das gemäß dem instrumentalen Organisationsbegriff als genereller

Handlungsrahmen die arbeitsteilige Erfüllung der permanenten Aufgaben regelt. In der vertikalen Perspektive besteht das grundlegende Beschreibungsmerkmal einer Organisationsstruktur aus dem Grad der Delegation, in der horizontalen Perspektive vor allem durch die spezifische Ausrichtung der durch Bereichsbildung voneinander abgegrenzten Kompetenzinhalte der organisatorischen Einheiten. Dabei bestimmt die Spezialisierung der obersten gegliederten (zweiten) Ebene der Hierarchie das globale Organisationsmodell der Unternehmung, die Gliederung der nachfolgenden Hierarchiestufen die jeweilige Organisationsstruktur der organisatorischen Teilbereiche (Teilbereichsorganisation).

II. *Formen*

Organisationsalternativen, -formen bzw. *-konzepte:*

1. Hinsichtlich der *vertikalen Organisationsstruktur:* Die Alternativen lassen sich nicht klassifizieren, sondern stellen Punkte dar auf dem Kontinuum zwischen den beiden Eckpolen der Entscheidungszentralisation und der Entscheidungsdezentralisation. Der theoretische Grenzfall einer vollständigen Entscheidungszentralisation an der Spitze der Hierarchie kann mit dem Fehlen jeglicher Entscheidungskompetenzen auf den nachgelagerten Hierarchieebenen eindeutig bestimmt werden.

2. Hinsichtlich der *horizontalen Organisationsstruktur:* Die Möglichkeiten zur Ausrichtung der einer Instanz direkt unterstellten organisatorischen Einheiten im Wege der horizontalen Kompetenzaufteilung resultieren aus der Art und der Anzahl der auf der jeweiligen Hierarchieebene zur Anwendung gelangenden Gliederungskriterien:

(1) Nach nur einem Gliederungskriterium: Eindimensionale Organisationsstruktur;

(2) nach mehreren Gliederungskriterien: Mehrdimensionale Organisationsstruktur.

Die möglichen Kriterien für die Abgrenzung der Kompetenzen organisatorischer Einheiten lassen sich aus den Dimensionen bzw. Komponenten einer Handlung ableiten (z.B. einzusetzende Ressourcen, vorzunehmende Verrichtungen, anzustrebende Ziele).

III. *Bewertung*

Die Bewertung der alternativen Organisationsstrukturen ist von den jeweiligen Situationsbedingungen und Zielen der Unternehmung abhängig und infolge der generellen Beurteilungsprobleme der organisatorischen Effizienz nur in recht engen Grenzen möglich. Markante Vor- und Nachteile der verschiedenen Gestaltungsmöglichkeiten können hervorgehoben werden.

Organisationsverfassung

Institutionelle Ordnung des Verhältnisses von *verfassungskonstituierenden Interessen* und *Unternehmensführung* in der Unternehmensverfassung.

1. Für die AG in den nationalen Aktienrechten zwei organisatorische *Grundtypen:*

(1) Die *dreigliedrige* Verfassungsstruktur mit Hauptversammlung, Aufsichtsrat und Vorstand. Außer in der Bundesrepublik Deutschland existiert dieses Modell noch in Frankreich (neues Recht), Holland (große AG), Italien und Österreich.

(2) Die *zweistufige* Lösung mit Hauptversammlung und Verwaltungsrat bzw. Board. Das Modell ist am meisten verbreitet, z.B. in Belgien, Dänemark, Frankreich (altes Recht), Griechenland, Großbritannien, Holland (kleine AG), Japan, Kanada, Schweden, Schweiz, Spanien und den USA.

2. *Bedeutung:* Dominant für die Entwicklung der Organisationsverfassung erscheint das dreistufige Modell. Ein Übergang vom drei- auf das zweistufige System fand bei aktienrechtlichen Reformen nicht statt; das dreigliedrige Modell hingegen verbreitete sich in Europa (Holland, Frankreich).

Organisationsziel

Das bei Entscheidungen tatsächlich berücksichtigte Leitbild, das dazu dient, die Tätigkeiten und Prozesse in der Organisation auf einen einheitlichen Zweck auszurichten. Die moderne Organisationsforschung hat aufgedeckt, dass in jeder Organisation eine Pluralität von Zielen besteht.

Neben offiziellen Organisationszielen der formalen Organisation (von der Führungshierarchie getragen) bestehen Abteilungs- und Gruppenziele sowie Ziele der einzelnen Organisationsmitglieder.

Organisatorische Effizienz

1. *Begriff:* Maß für den Zielbeitrag einer organisatorischen Regelung (Organisation). Die Bewertung alternativer Organisationsstrukturen stellt das zentrale Problem einer anwendungsorientierten Organisationstheorie dar; die Effizienz der einzelnen organisatorischen Gestaltungsmöglichkeiten lässt sich beim gegenwärtigen Forschungsstand aufgrund der Komplexität der Bewertungsproblematik nur sehr bedingt angeben. Hierauf beruht unter anderem auch der geringe Aussagegehalt der Organisationsprinzipien.

2. *Problemkonkretisierung:* Da organisatorische Regelungen nach dem instrumentalen Organisationsbegriff der Ausrichtung arbeitsteilig durchgeführter Teilhandlungen auf das übergeordnete Gesamtziel der Unternehmung (Koordination) dienen, geht es bei ihrer Bewertung letztlich um die Frage, welche Organisationsstrukturen unter bestimmten Situationsbedingungen in welchem Ausmaß die Zielerreichung fördern.

a) Aus *sachlogischer Perspektive* werden die notwendigen Implikationen der Aufteilung einer Gesamthandlung in Teilhandlungen für die Aufgabenerfüllung betrachtet, wobei von den individuellen Zielen der beteiligten Personen abstrahiert wird.

b) Bei Einbeziehung der *Motivationsperspektive* ist darüber hinaus zu berücksichtigen, dass die Wirksamkeit organisatorischer Strukturen auch von den persönlichen Präferenzen der Handlungsträger abhängt. Dadurch wird die Ableitung wissenschaftlich gesicherter Aussagen über die Effizienz erschwert, da diese beim gegenwärtigen Stand der individual- und sozialpsychologischen Forschung meist nur auf plausible, aber nicht allgemeingültige Verhaltensmuster gestützt werden kann. So wird die in der organisationstheoretischen Literatur unterstellte Prämisse einer positiven

Korrelation zwischen dem Ausmaß der Entscheidungsautonomie und der Motivation von Handlungsträgern häufig, aber nicht immer erfüllt sein.

3. *Untersuchungsbedingungen:* Wegen der Abhängigkeit der Bewertung alternativer organisatorischer Regelungen von der gegebenen Unternehmungssituation und den verfolgten Zielen können Untersuchungen der organisatorischen Effizienz nur vor dem Hintergrund bestimmter Ausprägungen der Kontextfaktoren und Zielsetzungen durchgeführt werden.

a) Als wichtige *organisationsrelevante Situationsbedingungen* gelten z.b. die Größe, die Heterogenität des Leistungsprogramms und die Dynamik der Umwelt einer Unternehmung.

b) Da die Ermittlung des Beitrags organisatorischer Alternativen zur Erreichung globaler Unternehmungsziele (wie Gewinn oder Umsatz) praktisch an der Komplexität der Einflussstrukturen dieser Zielgrößen scheitert, muss eine realistische Beurteilung der organisatorischen Effizienz auf *Subziele* zurückgreifen, für die eine positive Beziehung zum Oberziel angenommen werden kann.

Beispiele:

(1) Die Ausnutzung der vorhandenen Ressourcen für die sachlogische Dimension, die Existenz von Interdependenzen zwischen organisatorischen Einheiten aufgrund ihrer Koordinationsanforderungen, die Dispositionsfähigkeit als Fähigkeit zur kurzfristigen Reaktion auf Änderungen der Umwelt;

(2) für die motivationale Dimension die Zufriedenheit der Mitarbeiter, die Rate der Fluktuation.

Organisatorische Einheit

1. *Begriff:* Element der Aufbauorganisation. Zuordnungsbereich von Kompetenz für einen oder mehrere Handlungsträger.

2. *Arten:*

a) Nach der *Anzahl der Handlungsträger:*

(1) *Unipersonale organisatorische Einheit:* Kompetenzen für einen Handlungsträger.

(2) *Multipersonale organisatorische Einheit:* Kompetenzen für mehrere Handlungsträger; nach den Prinzipien der Willensbildung zu unterscheiden in: Organisatorische Einheit mit einer internen Hierarchie (organisatorischer Teilbereich) und Gruppen als ständige, sowie Gremien als zeitweise, aktive organisatorische Einheit mit gemeinsamer Willensbildung.

b) Nach der *Aufgabenstellung:*

(1) Weisungsbefugte Instanzen,

(2) entscheidungsunterstützende Stäbe,

(3) Entscheidungseinheiten,

(4) Realisationseinheiten,

(5) Kontrolleinheiten.

Organisatorischer Teilbereich

Multipersonale organisatorische Einheit, in der Stellen und kleinere Einheiten über Instanzen zusammengefasst sind. Bezeichnung in der Praxis je nach Bedeutung des organisatorischen Teilbereichs in der Hierarchie der Unternehmung v.a. als Abteilungen, Hauptabteilungen, Unternehmungsbereiche und -sektoren.

Organizational Burnout

Das Organizational Burnout (OBO) liegt vor, wenn sich ein aktives Organisationssystem in einem erschöpften und paralysierten Zustand befindet und mit eigenen Ressourcen diesen, als unerwünscht erkannten, Zustand nicht mehr positiv verändern kann. Gelegentlich wird die Bezeichnung „Organizational Burnout" auch für die Beschreibung eines durch die Form oder Abläufe einer Organisation verursachten – also quasi „organisierten" Burnout von Beschäftigten verwendet.

Drei interdependente Stressdimensionen verursachen das OBO: Externer Systemstress (Strukturwandel, Wettbewerbsdruck, Finanzmarktrisiken, veränderter Rechtsrahmen, feindliche Übernahmen), interner Ressourcenstress (Erfolgsarroganz, Kompentenzdefizite, nachhaltiger Ressourcenmangel, übertriebener Ergebnisdruck) und endogener Identitätsstress (ständige Strategiewechsel, wiederholte Reorganisationsprogramme, Verlustängste des Managements, übertolerante Fehlerkultur).

Personalorganisation

Teilbereichsorganisation für den Bereich „Personal". Mögliche Gliederung der Hierarchieebene unterhalb der Leitung der Personalabteilung, z.B. nach unterschiedlichen Beschäftigtengruppen (etwa Arbeiter und Angestellte), personalwirtschaftlichen Aktivitäten (Einstellungen, Entlassungen etc.) oder verschiedenen unter Personaleinsatz herzustellenden Produkt(-gruppen).

Personalunion

Besetzung mehrerer organisatorischer Einheiten mit demselben Handlungsträger.

Phasengliederung

Zerlegung von Aufgaben (Aufgabenanalyse) nach ihrem Phasenmerkmal in Planung, Realisation und Kontrolle.

Pluralinstanz

Ein auf Dauer angelegtes Entscheidungs-Kollegium. Die Willensbildung innerhalb der Pluralinstanz und die Leitung der hierarchisch untergeordneten organisatorischen Einheiten erfolgt nach dem Kollegialprinzip.

Post Merger Integration

I. Grundlagen

Integrationen im Zuge von Unternehmensakquisitionen und -fusionen (Post Merger Integration) finden unter spezifischen Rahmenbedingungen und wechselnden Vorzeichen statt. Nichtsdestoweniger lassen sich fünf wichtige Kernaufgaben identifizieren, die bei jeder Post Merger Integration nahezu immer die gleichen sind. Nur die erfolgreiche Umsetzung der einzelnen Schritte führt zum erfolgreichen Abschluss des Integrationsvorhabens. Dabei gilt es, die einzelnen Teilschritte der Integration so aufeinander abzustimmen, dass nach dem Umbau der einzelnen Organisationen eine schlagkräftige Gesamtorganisation entsteht und nicht zwei gegeneinander arbeitende Teilorganisationen.

II. Integrationsprojekt aufsetzen

Integrationen sind hochkomplexe Aufgaben. Erfolgreiches Integrationsmanagement muss daher in eine leistungsstarke Projektstruktur eingebettet werden. Im Kern sind hierbei zwei Aspekte zu beachten: Die Wahl
der richtigen Personen sowie die Erarbeitung eines robusten Integrations-
plans.

Ohne aktive Unterstützung der Geschäftsleitung sind Integrationen zum
Scheitern verurteilt. Denn nur durch das hierarchische Potenzial der
Geschäftsleitung können anreizbedingte Widerstände auf Seiten der
Mitarbeiter überwunden und zusätzliche Ressourcen für die Integration
bereitgestellt werden. Allerdings ist hierarchisches Potenzial alleine für
eine erfolgreiche Integration nicht ausreichend. Vielmehr muss das Integrationsmanagement es auch schaffen, Kernmitarbeiter mit solidem ope-
rativem Know-how sowie intimer Organisationskenntnis an Bord zu holen.
Gelingt dies nicht, ist die Gefahr groß, dass in den Integrationsteams nur
schwer oder gar nicht umsetzbare Lösungen erarbeitet werden.

Darüber hinaus gilt es, den Integrationsprozess mit seinen wesentlichen
Schritten zu planen. In Anbetracht der großen Komplexität und der Dynamik von Integrationen können diese allerdings nicht bis ins letzte Detail
geplant werden. Der Integrationsplan ist anfänglich nichts weiter als ein
grober Arbeitsplan, der wesentliche Arbeitsschritte, Meilensteine und
Verantwortlichkeiten festlegt. Das Integrationsmanagement muss diesen
im Verlauf der Integration mit zunehmendem Informationsstand immer
weiter verfeinern. Während des Integrationsprozesses entwickeln sich so
immer detailliertere Arbeitspläne. Der Integrationsplan selbst ist damit für
das Integrationsmanagement die Ausgangsbasis für die Fortschritts- und
Erfolgskontrolle der Integrationsumsetzung.

III. Führungsorganisation verzahnen

Die Verzahnung der Führungsorganisation basiert auf der Verzahnung der
Führungsstrukturen. Dabei fällt dem Integrationsmanagement die Aufgabe
zu, die Entwicklung einer Rahmenstruktur für das Gesamtunternehmen zu

gestalten. Zwei Themenbereiche gilt es dabei zu erarbeiten. Erstens, die Frage, welche Aufgaben zukünftig auf der Ebene der Unternehmensleitung und welche auf der operativen Unternehmensbereiche angesiedelt werden. Damit wird die Kompetenzverteilung zwischen der Unternehmensleitung und den operativen Unternehmenseinheiten festgelegt. Zweitens, die Frage nach der organisatorischen Gestaltung der nachgelagerten operativen Geschäftseinheiten. Üblicherweise unterscheidet man drei idealtypische Optionen: Funktionalorganisation, Spartenorganisation und Regionalorganisation.

Neben den Strukturen müssen auch die zentralen Planungs- und Reportingprozesse verzahnt werden. Sie bilden das Rückgrat für das Monitoring der Integration und den Grad der Zielerreichung und liefern damit auch die Möglichkeit zum rechtzeitigen Gegensteuern. Die Verzahnung der Reportingprozesse ist die oberste Voraussetzung dafür, belastbare Zahlen an die Shareholder zu berichten. Damit kann den Informationsbedürfnissen der Shareholder entsprochen und der Fortschritt der Integration verlässlich nach außen dokumentiert werden.

IV. Führungsmannschaft besetzen

Sind die Aufgaben zwischen Unternehmenszentrale und operativen Einheiten geklärt und die erforderlichen Steuerungsinstrumente konzipiert, gilt es, die Führungspositionen personell zu besetzen. Hierbei steht das Integrationsmanagement regelmäßig vor der Herausforderung, einen kaskadenartigen Bewertungs- und Auswahlprozess zu gestalten und umzusetzen. Dabei werden zunächst die Positionen auf Ebene der Geschäftsleitung personell besetzt. Die Geschäftsführung des neuen Unternehmens benennt dann nach Maßgabe der Aufgabenverteilung im Leitungsgremium die nächste Ebene, und so weiter. Nur wenn es dem Integrationsmanagement gelingt, den Auswahlprozess und die angelegten Auswahlkriterien so zu gestalten, dass sie als fair betrachtet werden, wird auch das Ergebnis – also die personelle Besetzung der Führungspositionen – von der Organisation akzeptiert und mitgetragen.

Bereits die Ankündigung von Fusionen und Akquisitionen führt zu Verunsicherungen auf Seiten der Mitarbeiter. Nicht selten hat dies zur Folge, dass Leistungsträger sich mit Abwanderungsgedanken tragen. Erfolgreiches Integrationsmanagement bindet daher diesen Personenkreis rechtzeitig an das Unternehmen. Es gilt hier, den Leistungsträgern konkrete und klare Perspektiven aufzuzeigen und ihnen ihre zukünftige Rolle im neuen Unternehmen zu verdeutlichen. Nicht zuletzt die aktive Einbindung in den Integrationsprozess kann die Bindung von Mitarbeitern an das Unternehmen stärken.

V. *Mitarbeiterverhalten ausrichten*

Die Aufgaben des Integrationsmanagements gehen weit über die strukturelle und personelle Verzahnung der Unternehmensspitze hinaus. Das Integrationsmanagement steht daher vor der Herausforderung, alle Mitarbeiter dazu zu bewegen, an einem Strang ziehen. Eine zentrale Rolle spielt dabei die Erarbeitung und die Umsetzung der Integrationsvision. Ohne eine einfach und prägnant formulierte Vision für das neue, gemeinsame Unternehmen läuft auch das Integrationsmanagement Gefahr, orientierungslos vor sich hinzudümpeln.

Allerdings reicht eine Vision allein meist nicht aus. Erfolgreiches Integrationsmanagement führt zielgerichtet Schulungsmaßnahmen für die Bewältigung der anstehenden Integrationsherausforderung durch. Ergänzt werden diese Maßnahmen durch eine Neuausrichtung der betrieblichen Anreizsysteme im Hinblick auf ein integrationskonformes Verhalten.

VI. *Operative Geschäftsaktivitäten verzahnen*

Mit der operativen Verankerung der Integration entscheidet sich, ob die Integration als Erfolg angesehen wird. Nur wenn es gelingt, nicht nur die Unternehmensspitze, sondern auch die operativen Geschäftsprozesse leistungsfähig zu verzahnen, lassen sich die Synergieziele dauerhaft umsetzen. Im Regelfall muss das Integrationsmanagement die Geschäftsprozesse vor der eigentlichen Verzahnung erst noch einmal harmonisieren bzw. komplett neu gestalten. Damit obliegt dem Integrationsmanagement gerade auch auf operativer Ebene auch eine zutiefst gestalterische Aufgabe. Das Integrationsmanagement hat regelmäßig die Frage zu beantworten, welche Prozesse bzw. Prozessteile von welchem Unternehmen übernommen werden können bzw. müssen oder aber vollständig neu zu gestalten sind. Nicht immer ist es das Beste, die Prozesse des größeren Unternehmens dem kleineren unmodifiziert überzustülpen. Denn trotz der pragmatischen Argumente, die für ein solches Vorgehen sprechen, birgt es die Gefahr, dass das kleinere Unternehmen durch überdimensionierte Prozesse gewissermaßen erstickt wird. In der Folge verliert das Unternehmen an operativer Schlagkraft. Der eigentliche Beweggrund für den Erwerb des Unternehmens, v.a. wenn es um die Nutzung der Innovationskraft geht, kann damit auf operativer Ebene nicht umgesetzt werden – allen überzeugenden Argumenten für einen Zusammenschluss zum Trotz.

Pretiale Lenkung

Indirekte Lenkung; ein von Schmalenbach geprägter Begriff für eine vom Preis (Verrechnungspreis) her erfolgende Lenkung betriebsinterner Vorgänge. Der marktwirtschaftliche Preismechanismus wird auf die innerbetriebliche Lenkung der Güter und Dienstleistungen zwischen den einzelnen Betriebsabteilungen übertragen: Güter und Dienstleistungen werden auf einem innerbetrieblichen Markt zu Preisen angeboten, die sich aufgrund des Wettbewerbs der Betriebe, Kostenstellen und Abteilungen um die Güter und Dienstleistungen bilden. Schmalenbach gibt bestimmte Regeln an, nach denen sich die pretiale Lenkung vollziehen soll.

Primatkollegialität

Abstimmungsmodus im Rahmen des Kollegialprinzips. Die multipersonale organisatorische Einheit besteht aus prinzipiell gleichberechtigten Handlungsträgern, aus deren Reihen ein Vorsitzender (primus inter pares) kommt. Bei Meinungsverschiedenheiten oder Patt-Situationen entscheidet der Vorsitzende.

Process Owner

Im Rahmen der Prozessorganisation eine für einen Geschäftsprozess in einem Unternehmen verantwortliche Stelle oder Person. Hierbei handelt es sich um eine Querschnittsaufgabe, da Geschäftsprozesse in Unternehmen häufig quer zu einer funktional ausgerichteten Aufbauorganisation verlaufen. Hieraus entsteht häufig ein Konflikt, da sich Verantwortung und Kompetenzen zur Bearbeitung der einzelnen Schritte eines Prozesses auf verschiedene Stellen verteilen. Diese Konflikte soll der Process Owner lösen.

Produktgliederung

1. *Begriff:* Im Rahmen der Organisation die Spezialisierung nach Produktaspekten; Unterfall der Anwendung des Objektprinzips.

2. *Charakterisierung:* Die Produktgliederung führt je nach der betroffenen Hierarchieebene und dem Aggregationsgrad des betrachteten Handlungskomplexes zu unterschiedlich breiter Kompetenz der organisatorischen Einheiten. Es kann sich eine Spartenorganisation mit organisatorischen Teilbereichen zum Beispiel für die einzelnen Produktfamilien der Unternehmung ergeben; diese Teilbereiche können selbst wiederum nach Produktaspekten zum Beispiel in Produktgruppenbereiche und diese zum Beispiel in Produktbereiche untergliedert werden.

Produktmanagementorganisation

1. *Begriff:* Konzept einer mehrdimensionalen Organisationsstruktur, bei der eine gegebene Grundstruktur durch die organisatorische Verankerung von Kompetenz für die bezüglich einzelner Produkte oder Produktgruppen bestehenden Aufgaben, vor allem Marketingaktivitäten (*Produktmarketing*), ergänzt wird.

2. *Formen:*

a) Die Institutionalisierung des Produktmanagements ist auf einen organisatorischen Teilbereich beschränkt oder teilbereichsübergreifend angelegt.

b) Die Institutionalisierung erfolgt in Form von Kernbereichen (Kernbereichs-Produktmanagement), Richtlinienbereichen (Richtlinien-Produktmanagement), Matrixbereichen (Matrix-Produktmanagement; Matrixorganisation), Servicebereichen (Service-Produktmanagement) oder Stäben (Stabs-Produktmanagement).--3. Bei der *Auswahl* einer der sich hieraus ergebenden Gestaltungsalternativen sind die angestrebte Reichweite für die Berücksichtigung der Produktmanagement-Perspektive im arbeitsteiligen Entscheidungsprozess der Unternehmung und die spezifischen Vor- und Nachteile der alternativen Bereichsformen abzuwägen.

Profitcenter

Erfolgsbereich.

1. *Begriff:* Organisatorischer Teilbereich, für den ein eigener Periodenerfolg ermittelt wird, welcher zur gewinnorientierten Beurteilung bzw. Steuerung der Teilbereichsaktivitäten herangezogen wird. Die Bereichsleiter operieren gewissermaßen wie selbstständige Unternehmer.

2. *Zweck:* Positive Motivation der Bereichsleiter wegen der Gewinnorientierung der Teilbereiche.

3. *Funktionsbedingungen:* Der Erfolgsausweis und dessen Aussagefähigkeit für die Beurteilung der Steuerung setzen voraus, dass Kosten- und Erlösgrößen dem Teilbereich zurechenbar und von seinem Leiter beeinflussbar sind; streng genommen sind der Marktzugang der einzelnen Teilbereiche und eine ausreichende Entscheidungsautonomie der Bereichsleiter zu erfüllen.

4. *Organisationsstruktur:*

a) *Spartenorganisation:* Günstige Voraussetzungen, da die Sparten jeweils in einen Beschaffungs- und Absatzmarkt eingebettet sind und geringe Interdependenzen aufgrund innerbetrieblicher Leistungsverflechtungen der Sparten existieren.

b) Auch *andere Organisationsstrukturen* mit weniger günstigen Voraussetzungen (vor allem *Funktionalorganisation*) sind möglich. Das Problem fehlender Erfolge der marktfernen Bereiche (zum Beispiel Produktion) kann mithilfe fiktiver Verrechnungspreise formal gelöst werden; allerdings ist angesichts der ausgeprägten internen Interdependenzen der Profitcenter bei Funktionalorganisation die Unabhängigkeit der Teilbereiche stark eingeschränkt. Die Motivationswirkung basiert folglich hier nicht auf unternehmerischer Gewinnverantwortung, sondern auf den Argumentationsnotwendigkeiten im Rahmen der Festlegung der Verrechnungspreise und der Interpretation der jeweils vorliegenden Periodenergebnisse.

Programmierbare Entscheidung

Entscheidung, für die die Organisation spezifische Prozesse entwickelt. Voraussetzung für programmierbare Entscheidungen ist das Vorliegen gut strukturierter Probleme, d.h. eindeutig formulierter Ziele; Informationen über deren Konsequenzen und ein Lösungsalgorithmus müssen gegeben und von den beteiligten akzeptiert sein.

Projekt

1. *Begriff:* Zeitlich befristete, relativ innovative und risikobehaftete Aufgabe von erheblicher Komplexität, die aufgrund ihrer Schwierigkeit und Bedeutung meist ein gesondertes Projektmanagement (PM) erfordert.

2. *Regelung:* Projektwirtschaft, Projektmanagement sowie die dazugehörigen Begriffe sind in den Normen DIN 69900 bzw. 69901 geregelt.

3. *Merkmale:*

a) *Projektgegenstand:* Produkt-, Bau-, Organisations-, EDV-, Sanierungsprojekte etc.

b) *Interner oder externer Auftraggeber:* Interne Projekte werden durch unternehmungsinterne Auftraggeber initiiert und mittels unternehmungseigener Ressourcen (Human- und Sachpotenzial) abgewickelt. Bei externen Projekten erfolgt die Auftragserteilung durch einen externen Auftraggeber; dieser bestimmt den Projektgegenstand auf Basis eines abzuschließenden Vertrages; Auftragnehmer ist die projektdurchführende Unternehmung.

c) *Komplexität:* Die Vielfältigkeit von Beziehungen der im Projekt eingebundenen Komponenten bestimmen das Komplexitätsausmaß; kann inhaltlich-technischer oder organisatorischer Natur sein.

d) *Innovationsgrad:* Wird von der Entwicklung bzw. Verwendung neuer Technologien bestimmt.

e) *Projektgröße:* Lässt sich an den Projektkosten, an der Projektdauer sowie an der Anzahl der Projektelemente und der zwischen ihnen bestehenden Beziehungsdichte messen.

4. *Beispiele:* Erstellung schlüsselfertiger Fabrikationsanlagen, Entwicklung neuartiger Produkte, Umstellung der Produktion auf neue Technologie, Reorganisation.

5. Da zur Projektrealisierung regelmäßig mehrere organisatorische Einheiten zusammenwirken müssen, ist häufig eine spezielle *Projektorganisation* zweckmäßig.

Projektorganisation

1. *Begriff:* System der Kompetenz für die Erfüllung befristeter, komplexer Aufgaben (Projekte).

2. *Institutionalisierungsalternativen:*

a) Zusammenarbeit mit den für die permanenten Aufgaben zuständigen organisatorischen Einheiten der bestehenden Grundstruktur durch Stäbe *(Stabs-Projektorganisation)* oder Entscheidungseinheiten *(Matrix-Projektorganisation).*

b) Autonome Projekteinheiten, in denen sämtliche zur Projektrealisierung erforderlichen Kompetenzen zusammengefasst sind *(reine Projektorganisation).*

3. Bei der *Auswahl* einer dieser Gestaltungsalternativen sind neben den spezifischen Vor- und Nachteilen der Stab-Linienorganisation, der Matrixorganisation und der reinen Form der Projektorganisation auch die Probleme bei der (Re-)Integration des Projektpersonals in die permanente Organisationsstruktur nach Projektende zu berücksichtigen.

Prozessgliederungsprinzip

Sonderform des Verrichtungsprinzips, bei der die Tätigkeitsarten nach ihrer Stellung im Betriebsprozess unterschieden werden, d.h. dem betrieblichen Leistungsprozess folgen.

Prozessorganisation

Organisationsgestaltung, bei der die Bereichsbildung unter Berücksichtigung spezifischer Erfordernisse des Ablaufs betrieblicher Geschäftsprozesse vorgenommen wird, d.h. die Aufbauorganisation folgt der Ablauforganisation. Die Kompetenzverteilung orientiert sich an den identifizierten Geschäftsprozessen, was besonders zu objektorientierten Bereichsbildungen führen kann. Charakteristisch hierfür ist die Übertragung prozessbezogener Verantwortlichkeiten auf sogenannte Process Owner. Möglich ist auch die Überlagerung einer bestehenden Primärstruktur durch eine stellen-, abteilungs- oder sogar unternehmensübergreifende Sekundärstruktur. Hierbei sollen die negativen Auswirkungen von Stellen-, Abteilungs- und Unternehmensgrenzen durch Anwendung von Teamkonzepten und Projektorganisationen überwunden werden. Die Prozessorganisation zielt auf die Steigerung der organisatorischen Effizienz, vor allem der Prozesseffizienz.

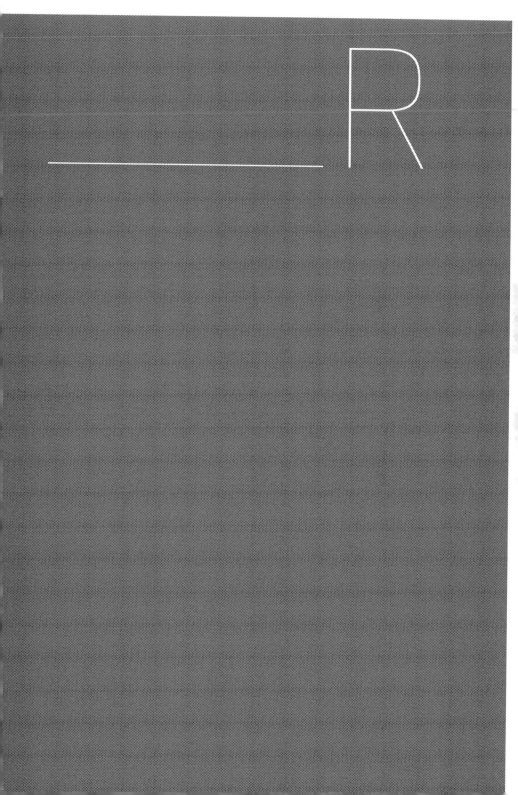

Ranggliederung

Zerlegung von Aufgaben (Aufgabenanalyse) nach ihrem Rang in Entscheidung und Ausführung (Kosiol).

Rangstufen

Ebenen einer Hierarchie.

Realisationseinheit

Organisatorische Einheit mit Realisationskompetenz.

Realisationskompetenz

Kompetenz für die Vornahme von Handlungen zur faktischen Umsetzung vorangegangener Entscheidungen.

Regelung

Schriftliche oder mündliche Feststellung des Ergebnisses einer Entscheidung, die dadurch institutionalisiert wird. Regelungen sind Normen, Befehle, Ge- und Verbote, Weisungen.

Regionalgliederung

1. *Begriff:* Im Rahmen der Organisation die Spezialisierung nach regionalen Aspekten.

2. *Charakterisierung:* Die Regionalgliederung führt je nach der betroffenen Hierarchieebene und je nach dem Aggregationsgrad des betrachteten Handlungskomplexes zu unterschiedlich breiter Kompetenz der organisatorischen Einheiten. Es kann sich eine Regionalorganisation mit organisatorischen Teilbereichen zum Beispiel für je einen absatzrelevanten Kontinent ergeben; diese Teilbereiche können selbst wiederum nach regionalen Gesichtspunkten, zum Beispiel in Länderbereiche, und diese zum Beispiel in Bereiche für unterschiedliche Bezirke untergliedert werden.

Regionalmanagementorganisation

1. *Begriff:* Konzept einer mehrdimensionalen Organisationsstruktur, bei dem eine gegebene Grundstruktur durch die organisatorische

Verankerung von Kompetenz für die aus den einzelnen (Beschaffungs-
und Absatz-)Regionen einer Unternehmung resultierenden speziellen
Aufgaben ergänzt wird.

2. *Formen:*

(1) Die Institutionalisierung des Regionalmanagements kann auf einen
organisatorischen Teilbereich beschränkt oder teilbereichsübergreifend
angelegt sein;

(2) die Institutionalisierung kann in Form von Kernbereichen (Kernbe-
reichs-Regionalmanagement), Richtlinienbereichen (Richtlinien-Regional-
management), Matrixbereichen (Matrix-Regionalmanagement; Matrixorganisation), Servicebereichen (Service-Regionalmanagement) oder Stäben (Stabs-Regionalmanagement) erfolgen.

3. Bei der *Auswahl* einer der sich hieraus ergebenden Gestaltungsalternativen sind die angestrebte Reichweite für die Berücksichtigung der Regio-
nalmanagement-Perspektive im arbeitsteiligen Entscheidungsprozess der
Unternehmung und die spezifischen Vor- und Nachteile der alternativen
Bereichsformen abzuwägen.

Regionalorganisation

1. *Begriff:* Organisationsmodell (Organisationsstruktur), bei dem die Kompetenzen aufgrund marktorientierter Spezialisierung nach Regionen
gegliedert werden.

2. *Charakterisierung:* Bei reiner Regionalorganisation entstehen auf der
zweiten Hierarchieebene organisatorische Teilbereiche, in denen jeweils
die Kompetenzen für eine Marktregion umfassend, d.h. bez. sämtlicher
Funktionen und Produkte der Unternehmung zusammengefasst sind.

Siehe Abbildung „Regionalorganisation – Grundmodell". Die Regionalbereiche können als Profitcenter geführt werden.

Regionalorganisation – Grundmodell

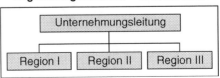

3. *Beurteilung:*

a) *Ressourcennutzung:* Die Regionalorganisation führt noch eher als die Spartenorganisation im Vergleich zur Funktionalorganisationin der Tendenz zu einer schlechteren Nutzung von produkt- und/oder funktionsbezogenen Synergien, da die Ausstattung sämtlicher Regionalbereiche mit den für ihre Aktivitäten erforderlichen Ressourcen häufig zu aufwendig ist im Verhältnis zu Ressourcenauslastung und Nutzung von Vorteilen der Spezialisierung und Größendegression anderer Organisationsformen.

b) *Interdependenzprofil:* Im Fall der reinen Regionalorganisation fehlen im (theoretischen) Grenzfall überschneidungsfreier Marktdefinitionen zwischen den Regionalbereichen Interdependenzen aufgrund innerbetrieblicher Leistungsverflechtungen und Marktinterdependenzen; die Koordinationsanforderungen sind entsprechend niedrig.

c) Die *Dispositionsfähigkeit* der Regionalorganisation ist somit positiv einzuschätzen.

4. *Modifikation:* In der Praxis wird die reine Regionalorganisation wegen ihrer Nachteile regelmäßig modifiziert vor allem in Richtung einer mehrdimensionalen Organisationsstruktur. Dabei sollen namentlich funktionale Zentralbereiche (z.B. Werke) eine bessere Ausnutzung der Ressourcen sicherstellen; mit den internen Interdependenzen wächst jedoch auch der Koordinationsbedarf.

Reorganisation

Change Management. Teilgebiet der Organisationsgestaltung.

1. *Begriff:* Änderung einer bestehenden Organisationsstruktur. Anlässe für Reorganisation bilden u.a. Verschiebungen in der Umwelt oder im Produktionsprogramm einer Unternehmung, personelle Veränderungen durch Eintritt oder Ausscheiden (wichtiger) Handlungsträger (organisation ad personam).

2. *Phasen des Reorganisationsprozesses:*

(1) Erkennen eines Organisationsproblems und die Erteilung eines entsprechenden Organisationsauftrags,

(2) problemadäquate Konzeption des organisatorischen Gestaltungsprozesses,

(3) Erhebung des Ist-Zustandes,

(4) Generierung und Bewertung organisatorischer Alternativen mit der anschließenden Festlegung der zukünftigen Organisation (instrumentaler Organisationsbegriff) und

(5) Einführung der (eventuellen) organisatorischen Neuerungen.

Unterstützt wird der Reorganisationsprozess durch Organisationsmethodik.

Reputationsmanagement

1. *Begriff*: Das Reputationsmanagement umfasst Planung, Aufbau, Pflege, Steuerung und Kontrolle des Rufs einer Organisation gegenüber allen relevanten Stakeholdern.

2. *Ziel:* Die Reputation bezeichnet den Ruf eines Unternehmens, der sich aus gruppenbezogenen Wahrnehmungs- und Interpretationsvorgängen ergibt. Er kennzeichnet den Informationsstand Dritter, für wie vertrauenswürdig sie eine Organisation halten. Vertrauen als zentrale Komponente des Rufs macht Reputation zu einer subjektiv und kollektiv bewerteten Größe, die die Qualität der Bekanntheit der Organisation innerhalb einer Stakeholdergruppe angibt. Eine „gute Reputation" kann daher als gruppenbezogene, hoch flüchtige Momentaufnahme von Zielgruppen verstanden werden, bei der normativ betrachtet das geplante Soll-Image (Fremdbild) mit dem gemessenen Ist-Image übereinstimmt.

3. *Aspekte:* Vertrauen gilt als erfolgskritische Größen, da es als sogenannter weicher Faktor die Erreichung von Erfolgszielen zum Beispiel bei Vertragsabschlüssen beeinflusst. Da Reputation gruppenabhängig ist, geht das individuelle Vertrauen in eine personenübergreifende Kontextgröße von Organisationen über, die sich in Teilöffentlichkeiten wie zum Beispiel

Stakeholdergruppen herausbildet. Unterscheidet man hierbei Vertrauens-würdigkeit und -bereitschaft, so kennzeichnet im Ideal ein guter Ruf den Tausch von Reputation gegen Vertrauen, der Unsicherheit und damit ver-bundene Transaktionskosten von Organisationen und ihren Zielgruppen senkt. Werden solche Kosten für maßgeblich erachtet, so wird Reputati-onsmanagement zu einem Kontroll- und Steuerungsmechanismus von Unternehmen gegenüber ihren Stakeholdergruppen.

4. *Instrumente und Einordnung:* Da Reputation nicht nur von Kommunika-tion, sondern v.a. vom beobachteten Organisationsverhalten abhängt, betont das Reputationsmanagement die Notwendigkeit, Handlung und Kommunikation von Unternehmen aufeinander abzustimmen, sodass Reputationsmanagement den Anspruch der integrierten Kommunikation ausdrückt und ein Teil der Unternehmenskommunikation ist.

Ressort

Im Rahmen der ressortgebundenen Unternehmensführung (Organisa-tion der Unternehmungsleitung) ein organisatorischer Teilbereich, der von einem Mitglied der Unternehmungsleitung geführt wird.

Ressortkollegialität

Form der Arbeitsteilung innerhalb einer multipersonalen organisatori-schen Einheit, bei der den einzelnen Mitgliedern Entscheidungskompeten-zen für jeweils bestimmte Entscheidungsbereiche (Ressorts) übertragen werden, aber bereichsübergreifende Fragen der gemeinsamen Entschei-dung sämtlicher Mitglieder vorbehalten bleiben. Die Anwendung des Prin-zips der Ressortkollegialität an der Spitze der Hierarchie führt zur ressort-gebundenen Unternehmungsführung (Organisation der Unternehmungs-leitung).

Ressourcennutzung

Das durch die Organisation beeinflusste Ausmaß der Ausnutzung vorhan-dener Ressourcen einer Unternehmung. Zielkriterium für die Beurteilung der organisatorischen Effizienz.

Richtlinienbereich

Zentralbereich, der Rahmenentscheidungen für die Erfüllung bestimmter Funktionen in operativen Teilbereichen trifft.

Risikokommunikation

1. *Begriff:* Die Risikokommunikation hat als Managementdisziplin die Aufgabe, das Ausmaß (Risiken identifizieren und benennen) und die Relevanz der Risiken unternehmerischen Handelns zielgruppengerecht zu kommunizieren (Gefahren aufzeigen) und den angemessenen Umgang mit solchen Risiken zu unterstützen.

2. *Ziel:* Das Ziel der Risikokommunikation ist, zum Aufbau von Vertrauenspositionen und damit zur Reputation beizutragen, indem Unternehmen ihren Umgang mit technischen, gesundheitlichen, ökologischen, politischen, finanziellen und anderen Risiken (und Chancen) ihrer Leistungsprozesse transparent machen.

3. *Aspekte:* Dabei bleibt abzuwägen, wie der aktive Umgang mit solchen Risiken/Chancen erst zur Verunsicherung von Bezugsgruppen führt oder diese Verunsicherung reduziert. Der Risikobegriff enthält aus Handlungs- oder Entscheidungssicht ein unternehmerisches Wagnis, das mit dem Stakeholder-Ansatz auch gesellschaftliche Dimensionen beinhalten kann. Da Risiken subjektive und damit interpretationsabhängige Komponenten enthalten, lassen sich keine Standards für die aktive Kommunikation unternehmerischer Risiken formulieren, um durch Risiken hervorgerufene Stakeholder-Ansprüche zu vermeiden oder zu verhindern, die die unternehmerische Zielerreichung hemmen oder verhindern können. Die Bestimmung der kritischen Grenze, wann die Kommunikation von Risiken ihre Akzeptanz erhöht oder Widerstände von Stakeholdern erst hervorruft, ist paradoxerweise ein Risiko für sich.

4. *Instrumente und Einordnung:* Die Risikokommunikation lässt sich als der Teil des Risikomanagements einordnen, der sich auf den Umgang mit weichen Faktoren wie Ängsten und Widerständen ausrichtet. Damit reicht die Risikokommunikation als unternehmerische Tätigkeit in alle

unternehmerischen Prozesse hinein, die den Umgang mit Wagnissen beinhalten. Diese umfasst die Corporate Governance mit der Weiterentwicklung des Ordnungsrahmens eines Unternehmens und den hier verorteten
Regeln im Umgang mit Wagnissen genauso wie die Formulierung von Ver-
braucherrisiken auf Produktpackungen. Sie führt bis zu der Medienarbeit
anlässlich eines Betriebsunfalls in der Produktion als Teil der Krisenkommunikation und reicht bis zu der Prägung der Unternehmenskultur als
Risiko- und Fehlerkultur. Nicht berücksichtigt ist bei dieser Kennzeichnung
die Risikokommunikation als Teil des politischen Prozesses einer Risikoge-
sellschaft, die die demokratische Meinungsbildung im Umgang mit gesellschaftlichen Risiken wie in der Energieversorgung oder gesundheitlichen
Risiken von (Nicht-)Rauchern mit dieser Kommunikationsform begleitet.

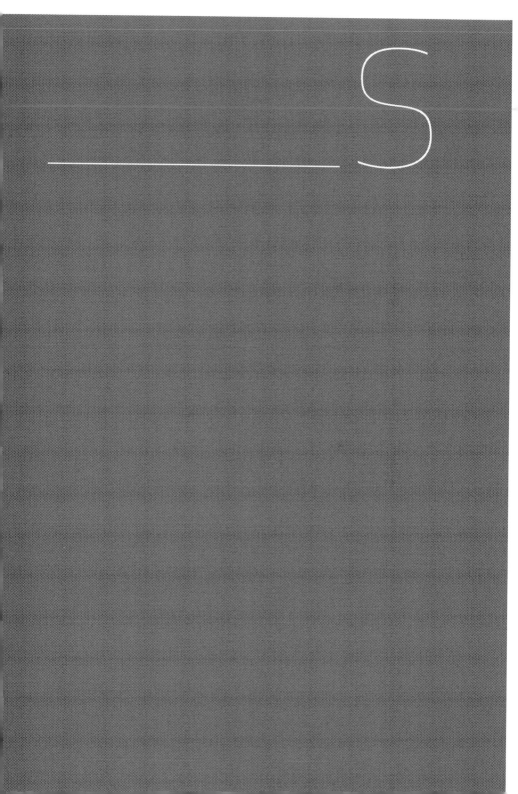

Schattenkultur

Kulturelle Aspekte in einer Organisation, die latent vorhanden sind, in der Regeln aber nicht wahrgenommen werden.

Segmentierung

Spezialisierung, horizontale Zerlegung eines Handlungskomplexes im Rahmen der Bereichsbildung. Durch Segmentierung wird der *Inhalt der Kompetenz* organisatorischer Einheiten festgelegt; dies prägt die spezifischen Orientierungen bzw. Zuständigkeiten der Handlungsträger bezüglich der verschiedenen Dimensionen des arbeitsteiligen Handlungsvollzugs in der Unternehmung.

Segmentierungskriterien:

(1) Verrichtungen (Verrichtungsprinzip),

(2) Objekte (Objektprinzip).

Servicebereich

Zentralbereich, der für die Durchführung von Aufträgen operativer Teilbereiche zur Erfüllung bestimmter Funktionen zuständig ist. Beim Servicemodell des Zentralbereichs entscheiden die operativen Bereiche über das „Ob" und das „Was" der Funktionserfüllung, während dem Servicebereich die Entscheidung über das „Wie" der Auftragsdurchführung obliegt.

Shared Services

Im Rahmen der Organisation die Konzentration ehemals dezentral durchgeführter, interner Dienstleistungen in einem organisatorischen Verantwortungsbereich (Shared Service Center). Wichtigstes Ziel ist die Verbesserung der Effizienz der Ressourcennutzung. Deshalb sollen die ursprünglich in mehreren dezentralen organisatorischen Einheiten (z.B. Sparten) erbrachten Aufgaben standardisiert, zusammengefasst und gegen Verrechnungspreise an die internen Abnehmer abgegeben werden. Hierfür kommen primär einfache Unterstützungs- und Verwaltungsprozesse in Frage.

Singularinstanz

Eine mit nur einem Handlungsträger besetzte Instanz. Die Leitung der hierarchisch untergeordneten organisatorischen Einheiten erfolgt nach dem Direktorialprinzip.

Skandal

1. *Begriff:* Ein (Unternehmens-)Skandal wird als sozialer Prozess definiert, der mit einem angenommenen oder tatsächlichen Missstand als Verstoß gegen Recht und/oder Moral eines Unternehmens beginnt und zugleich die medienübergreifende Berichterstattung mit Empörung erfordert. Damit ergibt sich eine große Bandbreite möglicher Unternehmensskandale, die auf handelnde Personen, aber auch auf Leistungsprozesse oder Abläufe bezogen werden kann. Bilanzierungs-, Schmiergeld- und Dioxinskandal sind ausgewählte Beispiele dafür, dass sie gemäß Studien zunehmen.

2. *Aspekte:* Das Wort Skandal wird auf das griechische Wort „skandalon" zurückgeführt, das ursprünglich den Verschluss einer Falle bezeichnete, heute verkürzt als „öffentliches Ärgernis" übersetzt wird und oft synonym mit dem Wort „Affäre" (von französisch „affaire", „zu tun haben mit"/"Angelegenheit") verwendet wird. Affären existieren im Unterschied zu Skandalen aber auch ohne medial erzeugte Öffentlichkeit. Skandale sind notwendig medienabhängig und sind damit stakeholder-relevant.

Der Skandal als sozialer Prozess beinhaltet

a) die Identifikation eines Missstands mit angenommener und/oder tatsächlicher Verfehlung einer moralischen und/oder gesetzlichen Norm,

b) Enthüllung der Verfehlung,

c) eigendynamische Empörung in den Medien oder anderen Institutionen wie Politik, Vereinen oder Verbänden jenseits des betroffenen Unternehmens. Missstände werden als Verstoß gegen Moral (illegitimes Handeln) oder Recht (illegales Handeln) definiert.

Skandale sind durch ihre Medienabhängigkeit gruppengebundene und emotionalisierte Wahrnehmungsphänomene. Damit ist der Skandal analytisch nicht so ohne Weiteres kennzeichnungsfähig, da in der Stakeholdergesellschaft – also einer Gesellschaft mit Gruppen, die durch unterschiedliche Nutzenmaßstäbe geprägt sind – eine definierte Norm als Referenzpunkt für den Verstoß als Auslöser für einen Skandal streng genommen nicht existiert. Das Wesen und Risiko von Skandalen besteht allerdings in der emotionalisierenden Empörung und nicht der rationalen Kennzeichnung des Normenverstoßes. Aus Unternehmenssicht bergen Skandale ein unternehmerisches Risiko in sich, da mit der Skandalisierung unternehmerische Entscheidungskompetenz durch medialen Druck geschmälert wird und/oder Imageschäden entstehen können. Die Vermeidung und Minderung von Skandalen sind als Ziele dem Risikomanagement und hierbei der Risikokommunikation zuzuordnen.

3. *Instrumente:* Das Issues Management ist eine Methode, um Skandale zu vermeiden. Das Risiko von Skandalen für das unternehmerische Handeln systematisch zu schmälern, ist eine strategische Kompetenz und eine Aufgabe der (internen) Risikokommunikation, um eine Unternehmenskultur des adäquaten Umgangs mit Risiken zu prägen. Sie findet Niederschlag in der Corporate Governance.

Sparte

1. *Einzelner Zweig* einer Branche.

2. Organisatorischer Teilbereich einer Unternehmung *(Division)*, in dem bei reiner Verwirklichung der Spartenorganisation sämtliche Kompetenzen für jeweils ein Produkt bzw. eine Produktgruppe zusammengefasst sind; häufig als Profitcenter ausgestaltet.

Spartenorganisation

1. *Begriff:* Organisationsmodell (Organisationsstruktur), bei dem die Spezialisierung nach Produkten bzw. Produktgruppen erfolgt.

2. *Charakterisierung:* Bei reiner Spartenorganisation entstehen auf der zweiten Hierarchieebene organisatorische Teilbereiche, in denen jeweils die Kompetenzen für eine Produktart bez. sämtlicher Funktionen und Märkte der Unternehmung zusammengefasst sind.

Siehe Abbildung „Spartenorganisation –Grundmodell". Diese Sparten werden häufig als Profitcenter geführt.

Spartenorganisation – Grundmodell

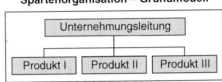

3. *Beurteilung:*

a) *Ressourcennutzung:* Die Spartenorganisation führt im Vergleich zur Funktionalorganisation in der Tendenz zu einer schlechteren Nutzung funktionsbedingter Synergien, da die Ausstattung sämtlicher Sparten mit den gesamten für ihre Aktivitäten erforderlichen Ressourcen im Verhältnis zur Ressourcenauslastung und Nutzung von Vorteilen der Spezialisierung und Größendegression anderer Organisationsformen häufig nachteilig ist.

b) *Interdependenzprofil:* Angesichts der Autonomie der Sparten fehlen weitgehend Interdependenzen aufgrund innerbetrieblicher Leistungsverflechtungen; die Marktinterdependenzen wachsen mit sinkendem Diversifikationsgrad des Produktprogramms der Unternehmung.

c) Die *Dispositionsfähigkeit* wird aufgrund fehlender innerbetrieblicher Interdependenzen positiv beeinflusst.

4. *Modifizierung:* In der Praxis wird die Spartenorganisation wegen ihrer Nachteile meist zu einer mehrdimensionalen Organisationsstruktur ressourcen- und/oder marktorientiert modifiziert; funktionale Zentralbereiche (z.B. Werke) sollen v.a. eine bessere Ressourcennutzung und auf einzelne Märkte ausgerichtete organisatorische Einheiten eine höhere Koordination der marktorientierten Spartenaktivitäten sicherstellen.

Spezialisierung

1. *Begriff:* Die im Rahmen der Arbeitsteilung erfolgende inhaltliche Ausrichtung der Kompetenzen organisatorischer Einheiten auf jeweils spezielle Handlungen.

2. *Gestaltungsalternativen:* Die Zentralisation kann dabei nach dem Verrichtungsprinzip (Funktionalprinzip) oder nach dem Objektprinzip erfolgen.

3. *Beurteilung:* Die organisatorische Effizienz hängt u.a. von der Art und der hierarchischen Positionierung der spezialisierten Einheit ab. Bei der Spezialisierung einer Stelle auf Verrichtungen z.b. können sich v.a. auf tiefer gelegenen Hierarchieebenen Vorteile besserer Auslastung maschineller Anlagen und höherer Geschicklichkeit der Handlungsträger bei gleichartigen Tätigkeiten einstellen; als Nachteil kann u.a. Monotonie mit ihren Ermüdungs- und Frustrationsfolgen auftreten.

Sprecherfunktion

Form der Arbeitsteilung bei ressortloser Unternehmensführung (Organisation der Unternehmungsleitung).

Stab

Element der Aufbauorganisation; eine organisatorische Einheit, die nur indirekt durch Unterstützung einer Instanz zur Lösung der Unternehmungsaufgabe beiträgt, vor allem bei Vorbereitung und Kontrolle der Entscheidungen der Instanz. Die Aufgabe ist genereller (Stabsgeneralist, z.B. Direktionsassistent) oder spezieller (Stabsspezialist, z.B. Stab für Rechtsangelegenheiten) Art.

Bei *multipersonalen Stäben* können Stabsstellen auch mit Weisungsbefugnissen, allerdings nur für den Bereich der Stabsabteilung, ausgestattet sein.

Stab-Linienorganisation

1. *Begriff:* Form der Aufbauorganisation, bei der den Instanzen zur Unterstützung Stabsstellen zugeordnet werden.

2. *Gestaltungsalternativen:*

a) Die Zuordnung von *Stabsgeneralisten* bewirkt eine generelle Erweiterung der Instanzenkapazität.

b) Durch *spezialisierte Stäbe* kann eine mehrdimensionale Organisationsstruktur realisiert werden; für die durch gleichzeitige Zerlegung eines Handlungskomplexes nach verschiedenen Gliederungskriterien gewonnenen Aufgaben (Spezialisierung) werden Entscheidungskompetenzen oder Kompetenzen für entscheidungsvorbereitende Aktivitäten formuliert, die auf Entscheidungseinheiten bzw. Stäbe übertragen werden. Die für mehrdimensionale Organisationsstrukturen charakteristische Berücksichtigung mehrerer Aspekte einer Handlung im Entscheidungsprozess erfolgt bei der Stab-Linienorganisation somit durch ungleichgewichtige organisatorische Verankerung der Handlungsaspekte.

Die Stab-Linienorganisation kann als Organisationsmodell auf der zweiten Hierarchieebene oder im Rahmen einer Teilbereichsorganisation auf niedrigeren Hierarchieebenen ansetzen.

3. *Vorteile:* Vor allem Entlastung der Leitungseinheiten und Qualitätsverbesserung ihrer Entscheidungen mithilfe detaillierterer Entscheidungsvorbereitung durch den Stab sowie klare Kompetenzabgrenzung durch das zugrunde liegende Einliniensystem.

4. *Nachteile:* Vor allem mögliche Stab-Linienkonflikte z.B. durch Frustration des Stabes wegen fehlender direkter Entscheidungskompetenzen und informationelle Abhängigkeit der Instanz von ihrem Stab.

Stelle

Organisatorische Einheit, die aus der Stellenbildung hervorgeht und im Rahmen der Aufbauorganisation den Kompetenzbereich eines gedachten

Handlungsträgers gemäß der Stellenbeschreibung abgrenzt. Element des organisatorischen Teilbereichs.

Stellenbeschreibung

1. *Begriff:* Verbindliche, in schriftlicher Form abgefasste Fixierung der organisatorischen Eingliederung einer Stelle im Betrieb hinsichtlich ihrer Ziele, Aufgaben, Kompetenz, Pflichten etc. Ist ein Instrument der Personalplanung.

2. *Bestandteile:* Bezeichnung der Stelle und ihres organisatorischen Ranges in der Hierarchie, Kompetenzen, aktive und passive Stellvertretung, Tätigkeitsgebiet, spezielle Aufgaben.

3. *Zweck:* Schaffung einer transparenten, umfassenden und überschneidungsfreien Ordnung der Zuständigkeiten; Eingliederung der Stelle im Unternehmen, Hilfsmittel bei der Arbeitsbewertung, der Karriereplanung, der Personalführung, der Ermittlung des Personalbedarfs.

4. *Nachteile:* Fixierte Aufgabenbeschreibungen können zu organisatorischer Inflexibilität und Stellenegoismus führen. Bestandteile: Stellenbezeichnung, Rang, Stelleneinordnung, Unterstellung, Überstellung, Stellvertretung, Ziele der Stelle, Aufgaben, Stellenbefugnisse, Anforderungen.

Stellenbildung

1. *Begriff:* Vorgang zur Gestaltung der Aufbauorganisation, bei dem durch Aufgabenanalyse gewonnene Teilaufgaben im Wege der Aufgabensynthese für jeweils einen gedachten Handlungsträger zu einem Aufgabenkomplex bzw. zu einer Stelle zusammengefasst werden.

2. *Kriterien:* Die Zusammenfassung der Teilaufgaben kann nach den verschiedenen Aufgabenmerkmalen, vor allem dem Verrichtungsaspekt (Verrichtungsprinzip) oder dem Objektaspekt (Objektprinzip), erfolgen; eine Zentralisation nach dem einen Kriterium bedeutet zugleich eine Dezentralisation nach dem anderen Kriterium.

3. Das *Kernproblem* der Stellenbildung besteht in der Synchronisation der Anforderungsprofile der gebildeten Stellen und der Fähigkeitsprofile der

potenziellen Handlungsträger (Arbeitsgestaltung). Dabei wird die Vielfalt der theoretischen Gestaltungsalternativen der Stellenbildung in der Praxis durch feststehende Berufsbilder (anerkannter Ausbildungsberuf) eingeschränkt.

Stellvertretung

1. *Begriff:* Übernahme der Aufgaben eines Stelleninhabers durch einen anderen Handlungsträger zur Gewährleistung der Aufgabenerfüllung in den Fällen, in denen der Vertretene aus bestimmten Gründen nicht selbst handeln kann oder will (zum Beispiel wegen dienstlicher Abwesenheit, Urlaub oder Krankheit). Der *Stellvertreter* nimmt die formale Kompetenz im Namen und im Sinn des Vertretenen, aber in eigener Verantwortung wahr.

2. *Formen:* Die Stellvertretung kann haupt- oder nebenamtlich sowie unbegrenzt oder begrenzt sein.

Strategiekonforme Organisation

1. *Organisationsstrukturen:* Organisationsstrukturen sind Regelungssysteme, die sich als Infrastrukturen im Sinn von Ordnungs- und Orientierungsrahmen begreifen lassen. Sie leisten einen Beitrag zur Ausrichtung von arbeitsteilig durchgeführten Handlungen auf die obersten Unternehmungsziele. Organisatorische Regelungen müssen vielfältigen Anforderungen genügen, welche sich in die Kategorien Integration (statische Betrachtung) und Änderung (dynamische Betrachtung) einordnen lassen. Bei der Bewältigung von *Integrationserfordernissen* steht die zielorientierte Ausschöpfung von gegebenen Handlungspotenzialen durch Koordinations- und Motivationsmaßnahmen im Mittelpunkt. Die Herausforderung an organisatorische Gestaltungsaktivitäten liegt darin, trotz eines durch Arbeitsteilung verursachten Zwangs zum Potenzialsplitting und daraus resultierenden Problemen der Schnittstellenbewältigung (Koordinationsproblem) und trotz möglicher Diskrepanzen zwischen Unternehmungs- und Individualzielen (Motivationsproblem) eine möglichst umfassende und reibungslose Ausschöpfung von Ressourcen und Märkten zu

gewährleisten. Betreibt man organisatorische Gestaltung unter *Änderungsgesichtspunkten,* d.h. mit einer Akzentuierung dynamischer Elemente wie der Modifizierung von Wissensstrukturen oder der Forcierung von Wandel innerhalb der Unternehmung, so erweitert sich die Komplexität des Gestaltungsproblems. Zur Verwirklichung eines solchen Anliegens muss durch geeignete organisatorische Regelungen die Voraussetzung dafür geschaffen werden, dass der zielorientierte Aufbau von Handlungspotenzialen für zukünftige Perioden gelingt.

2. *Strategien:* Strategien stellen längerfristig gültige Grundsatzentscheidungen dar, die den Rahmen für künftige detailliertere Entscheidungen bilden. Sie sind auf den Aufbau und die Sicherung von Erfolgspotenzialen ausgerichtet, welche im Anschluss durch eine strategiekonforme Ausrichtung des operativen Geschäfts nach Maßgabe der obersten Unternehmungsziele ausgeschöpft werden. Es existieren verschiedene Möglichkeiten, *Formen der strategischen Positionierung* zu systematisieren. Hier sollen strategische Entscheidungen nach der Basis des Wettbewerbs, der Ausgestaltung des Leistungsangebots und der Art der Marktbearbeitung unterschieden werden.

a) Strategische Entscheidungen hinsichtlich der *Basis des Wettbewerbs* erfordern die Beantwortung der Frage, ob eine gesicherte Wettbewerbsposition in erster Linie durch Kostenwettbewerb (Minimierung der mit der Leistungserstellung verbundenen Kosten, um in der Preispolitik einen größeren Dispositionsspielraum gegenüber der Konkurrenz zu erlangen) oder durch Zeitwettbewerb (möglichst reibungslose Gestaltung des Leistungsprozesses von seiner Auslösung bis zur Vertragserfüllung gegenüber dem Kunden) aufgebaut und gesichert werden soll.

b) Mit der *Ausgestaltung des Leistungsangebots* legt die Unternehmung fest, mit welchen Leistungselementen der beim Kunden vermutete Bedarf gedeckt werden soll. Im Einzelnen ist über die Leistungsbestandteile (z.B. Ausprägung von Sach- und Dienstleistungen), über den Grad an kundenindividueller Ausgestaltung der Leistung (Standardisierung, modularisierte Kundenleistung, kundenindividuelle Leistungen) und über die

Berücksichtigung absatzwirtschaftlicher Verbundeffekte (v.a. produkt-
übergreifende Nachfrage) zu entscheiden. Mithilfe des Merkmals *Art der
Marktbearbeitung* werden einerseits die Ausschöpfung des Nachfrage-
potenzials (flächendeckende oder segmentierende Marktbearbeitung),
andererseits der Aufbau und die Sicherung längerfristiger Kundenbindun-
gen in die Analyse einbezogen.

3. *Wettbewerbsstrategie und Organisation*:

(1) *Zusammenhang*: Der Zusammenhang zwischen Strategie und Organisationsstruktur wird in der Literatur in hohem Maße aus der Perspektive eines „Structure follows Strategy" betrachtet. Dieser auf A.D. Chand-
ler (1962) zurückgehende Slogan erfasst die Frage der strategiekonformen Organisation nur sehr begrenzt und betont zu einseitig die statische
Dimension. Hinsichtlich der Basis des Wettbewerbs kann man feststellen,
dass beim Kostenwettbewerb die effiziente Nutzung von (internen und
externen) Potenzialen, beim Zeitwettbewerb die effiziente Abstimmung
von Interdependenzen in den Vordergrund rückt. Eine kostenorientierte
Wettbewerbsstrategie wird deshalb tendenziell zu Organisationsstrukturen führen, die eine Zuweisung von Kompetenzen in Bezug auf zusam-
mengehörende Potenziale (Ressourcen, Märkte) an jeweils eine organisatorische Einheit erlaubt; durch solche Lösungen wird jedoch zugleich die
bereichsübergreifende Abstimmung von Interdependenzen erschwert.
Bei einer strategischen Fokussierung auf Kostenaspekte besteht mithin
eine Tendenz zur Bildung funktions- und markt-, (bzw. kunden-)orientier-
ter Strukturen. Umgekehrt begünstigt der Zeitwettbewerb Tendenzen zur
organisatorischen Verselbstständigung von Wertschöpfungsketten durch
Aufsplittung von Potenzialen. Die in vielen Branchen zu beobachtende
Tendenz, durch Bildung weitgehend autonomer Produktbereiche eine pro-
zessorientierte Organisationsgestaltung zu betreiben, ist Ausdruck einer
Hinwendung zum Zeitwettbewerb. Hinsichtlich der Struktur des Leis-
tungsangebotes kann als organisatorisch relevantes Merkmal die Produktkomplexität angesehen werden; sie nimmt mit einer Ausdifferenzierung
der angebotenen Sach- und Dienstleistungen zu. Unternehmungen, die

Produkte mit einer hohen Komplexität anbieten, müssen in besonderem Maße sicherstellen, dass auf das notwendige Produkt- und Prozesswissen zurückgegriffen werden kann. Ist eine ausgeprägte Produktkomplexität das Ergebnis einer Bündelung artverschiedener Sach- und Dienstleistungen, erhöht sich in der Regel die Intensität der Prozessinterdependenzen. Eine Steigerung der Kundenindividualisierung weist von allen strategischen Einflussgrößen die umfassendsten organisatorischen Auswirkungen auf. Vor allem steigen die Anforderungen durch eine Zunahme der Ungewissheit aufgrund der Einbindung des Kunden in den Prozess der Leistungserstellung deutlich.

(2) *Konsequenzen*: Für den Organisationsgestalter liefern die Ergebnisse wettbewerbsstrategischer Analysen Bausteine für den Entwurf von Organisationsstrukturen. Eine strategiekonforme Organisationslösung ist immer das Ergebnis einer Ausbalancierung verschiedener, häufig in Konflikt zueinander stehender Einflüsse. So ist z.B. die Verfolgung des Zeitwettbewerbs nicht mit jeder Ausgestaltung des Leistungsangebots kompatibel. Mit zunehmender Produktkomplexität und Kundenindividualisierung zeigen sich aufgrund nachhaltig wachsender Interdependenzen rasch die Grenzen einer Wahl dieser Wettbewerbsbasis. Auch der Entscheidung zugunsten des Kostenwettbewerbs ist die Frage vorgelagert, ob man über möglichst hohe Standardisierung des Leistungsprogramms Kostenvorteile realisieren will, um niedrige Absatzpreise sicherzustellen, oder ob durch Ausdifferenzierung des Angebots verbunden mit Kundenindividualisierung das akquisitorische Potenzial und ein damit verbundener größerer Preissetzungsspielraum genutzt werden sollen.

4. *Strategieanpassung und Organisationsstruktur*: Die Frage der strategiekonformen Organisationsstruktur wird in Praxis und Wissenschaft vorrangig aus statischer Sicht behandelt. Wenn mit dem Aufbau zukünftiger Handlungspotenziale die Strategiedynamik und damit die Bedeutung von Lernen und Wandel in den Vordergrund rücken, stellt sich das schwierige Problem einer Ausbalancierung von Integrations- und Änderungsanforderungen. Mit der Lerndimension richtet sich der Blick auf Wissensstrukturen

und ihre Veränderungen im Zeitablauf: Die Schaffung eines strukturellen Rahmens, welcher die unternehmungsweite Entwicklung neuen sowie den individuen- und bereichsübergreifenden Transfer vorhandenen Wissens sicherstellt, wird zur Herausforderung für die Organisationsgestaltung. Unternehmungen mit Fähigkeit zum Wandel besitzen die für einen Aufbau zukünftiger Handlungspotenziale unerlässliche Fähigkeit zur Anpassung an Entwicklungen in der relevanten Umwelt. Beispielhaft hierfür können umfassende strategische Neuausrichtungen, die Generierung neuer Produktideen und deren Umsetzung in marktfähige Leistungen sowie eine grundsätzliche strukturelle Flexibilität angeführt werden. Ebenso wie bei der Integrationsperspektive spielen auch unter Änderungsaspekten Motivationsfragen eine große Rolle: Es ist zu klären, wie bei den Mitarbeitern eine grundsätzliche Bereitschaft erzeugt werden kann, sich in Lernprozessen zu engagieren und Maßnahmen zur Anpassung an geänderte Bedingungen aktiv zu ergreifen und mit zu tragen.

Strukturierung

Im Rahmen der Organisation die vertikale Zerlegung eines Handlungskomplexes in zunehmend stärker strukturierte Teilhandlungen zur Regelung der Delegation. Durch Strukturierung wird der Spielraum der Entscheidungskompetenzen bestimmt und von Ebene zu Ebene der Entscheidungshierarchie fortlaufend eingeschränkt. Hierarchisch übergeordnete organisatorische Einheiten verfügen demnach stets über eine größere Entscheidungsautonomie als die ihnen nachgeordneten Einheiten.

Substitutionsprinzip

1. *Allgemein:* Grundsatz der Substitution, der die wirtschaftliche Entscheidung über die Auswahl bzw. den Einsatz von Produktionsmitteln nach ihrer Qualität und ihren Preisen ermöglicht.

2. *Organisation:* Tendenz, dass die generellen Regelungen die fallweisen Regelungen dort ersetzen, wo Betriebsvorgänge in hohem Maße gleichartig und periodisch auftreten (Gutenberg). Je mehr generell geregelt ist, je höher also der Organisationsgrad ist, umso mehr verliert der

Betriebsprozess an individueller Substanz. Wo häufig individuelle Leistungen verlangt werden, versagt das Substitutionsprinzip der Organisation.

Teamtheorie

Auf J. Marschak zurückgehender mathematischer Ansatz zur optimalen Gestaltung arbeitsteiliger Entscheidungssysteme. Ausgangspunkt der teamtheoretischen Modelle ist ein komplexes Entscheidungsproblem, das auf mehrere Teammitglieder verteilt wird. Jedes Teammitglied kann aufgrund seiner speziellen Informationen über eigene potenzielle (Teil-) Handlungen entscheiden. Das Gesamtergebnis des Teams, das alle Teammitglieder optimal gestalten wollen (Annahme vollkommener Konsistenz der Interessen), entsteht durch die Kombination der Handlungen aller Teammitglieder. Ziel der Teamtheorie ist die simultane Optimierung der Informationsstruktur des Teams und der Handlungsregeln für die Teammitglieder.

Teilbereichsorganisation

1. *Begriff:* Kompetenzabgrenzung innerhalb organisatorischer Teilbereiche, etwa dem Beschaffungsbereich (Beschaffungsorganisation), dem Fertigungsbereich (Fertigungsorganisation), dem Vertriebs- bzw. Absatzbereich (Vertriebsorganisation), dem Personalbereich (Personalorganisation), dem Forschungsbereich (Forschungsorganisation) und dem Entwicklungsbereich (Entwicklungsorganisation).

2. *Ausgestaltung:* In vertikaler Sicht mehr zentral (Zentralisation) oder mehr dezentral (Dezentralisation) und in horizontaler Sicht eindimensional oder mehrdimensional mit unterschiedlichen Formen von Zentralbereichen.

Tensororganisation

Mehrdimensionale Organisationsstruktur, bei der die Kompetenzabgrenzung zwischen den organisatorischen Teilbereichen auf einer Hierarchieebene nach mindestens drei verschiedenen Kriterien erfolgt.

Überlappende Gruppen

Von R. Likert entworfenes Führungskonzept.

1. *Merkmale:*

a) Vorgesetzter und die ihm unterstellten Mitarbeiter bilden eine Kleingruppe.

b) Vorgesetzte sind gleichzeitig Gruppenmitglieder der nächsthöheren Hierarchieebene; sie fungieren daher als Verbindungsglieder (Linking Pins).

c) Entscheidungen werden in der Gruppe gefällt; dadurch verbesserter Informationsfluss.

2. *Vorteile:* Höhere Arbeitszufriedenheit und verbesserte Koordination durch Betonung der prosozialen Beziehungen.

3. *Nachteile:* gelegentliche Überlastung des Vorgesetzten durch seine Doppelfunktion. Siehe auch die Abbildung „Überlappende Gruppen".

Überlappende Gruppen

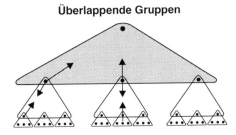

Überorganisation

1. *Begriff:* Ein meist überaus formular- und vorschriftenreicher Zustand der Organisation des Betriebes als Folge einer Gestaltung der Betriebsstruktur (zum Beispiel Leitung, Instanzenbau, Aufgabengliederung, Befugnis- und Verantwortungsregelung) und des Betriebsprozesses (Arbeits-, Verkehrsabläufe etc.), die über das fallweise Notwendige und Zweckmäßige weit hinausgeht und daher mehr Arbeitskräfte und Hilfsmittel bindet als ökonomisch optimal ist.

2. *Wirkung:* Schwerfällige, unelastische Betriebsführung, d.h. Dispositions-erschwerungen, Lähmung der Verantwortungsfreude und der Arbeitslust, Verteuerung der hervorgebrachten Leistungen u.a.

3. *Vorkommen:* Überorganisation ist nicht nur eine betriebliche Erschei-nung, auch Verwaltungs- und Kulturleistungen können durch sie unnötig verteuert werden.

Unternehmenskommunikation

1. *Begriff:* Als Unternehmenskommunikation (Corporate Communica-tions) wird der Teil der Unternehmensführung bezeichnet, der mithilfe des Wahrnehmungsmanagements die Reputation (Ruf) prägt.

2. *Ziel:* Wenn Reputation das Oberziel von Unternehmenskommunikation ist, sind die individuellen Wahrnehmungsgrößen relevanter Stakeholder (Mitarbeiter, Kunden, Umweltgruppen etc.) wie Vertrauen (erwartbares Verhalten) und Glaubwürdigkeit (Ausmaß der wahrgenommenen Erwart-barkeit) zentrale Teilziele. Davon abgeleitet werden vor allem wahrneh-mungs- (informative, edukative, emotionale), handlungs- (z.B. Weiterem-fehlungsbereitschaft, Kaufneigung, Mitarbeitermotivation) und zielgrup-penbezogene (z.B. Führungskräftezustimmung, Kundenzufriedenheit) Teilziele. Da der Ruf nicht nur von geplanter Kommunikation abhängt, son-dern auch von ungeplant wahrgenommener Handlung, deren Folge etwa erfolgsrelevante Skandale sein können, gehört das Verhaltensmanage-ment zentral zur Unternehmenskommunikation.

3. *Aspekte:* Die Unternehmenskommunikation wird zum Teil auf die geplante Kommunikation oder planmäßig zu gestaltende Beziehungen reduziert und spiegelt so ihre Tradition als Teil der operativen Marketing-planung im Kommunikations-Mix wider. Unterschiedlichen Entwicklungen seit spätestens Anfang der 1980er-Jahre wie die Abweichung von Börsen- und Buchwerten von Unternehmen, die Stakeholder-Debatte, oder die Erkenntnis, dass Unternehmensführung auch Kommunikation ist, beto-nen jeweils die Bedeutung weicher Faktoren für den Unternehmenser-folg. Da der Stakeholder-Begriff sowohl Einzelne (die Bank, der Großkunde

etc.), wie auch Gruppen (die Markencommunity, die Bürgerbewegung etc.) umfasst, sind gruppendynamische Prozesse (Widerstände, Begeisterung etc.) als weiche Faktoren ein zentrales Handlungsfeld, sodass sich der ursprünglich instrumentelle Fokus (zum Beispiel Medienarbeit, Eventkommunikation) der Unternehmenskommunikation um strategische Verhaltensaspekte (Markenführung) erweitert und damit zur ursprünglich handlungsorientierten Public Relations-Debatte (PR) der Nachkriegszeit zurückführt (Klassische PR-Formel: 90 Prozent handeln, 10 Prozent reden).

4. *Abgrenzung und Instrumente:* Die Unternehmenskommunikation umfasst zielgruppenorientiert die interne Kommunikation und externe Kommunikation und steht konzeptionell neben den Public Relations (PR) (Öffentlichkeitsarbeit), die zum Teil synonym, zum Teil auch als gesellschaftliches Phänomen interpretiert werden. Zu unterscheiden sind davon im engeren Sinne Public Relations als instrumentelle Kommunikation (Pressearbeit, Eventkommunikation etc.). Die Kommunikationspolitik steht zum Teil ebenfalls neben der strategischen Unternehmenskommunikation, enthält zum Teil eine verhaltensgerichtete Komponente, wird aber zum Teil auch in der Tradition der operativen Marketing-Mix-Debatte dargestellt. Die Debatte um die Unternehmenskultur (ungeschriebene Werte und Normen) gilt mit der Einflussnahme auf die Unternehmensidentität (Corporate Identity) normativ als Verhaltensrahmen (Corporate Behaviour) und damit als Fundament der Unternehmenskommunikation. In diesem Sinne wird auch das interne Markenmanagement verstanden (Internal Branding). Auf dieser Basis sollen nachhaltige Soll-Images (Fremdbild) erreicht werden. Im Idealfall stimmt es mit dem Ist-Image als Reputation überein. Zielgruppenbezogen lassen sich Börsenkommunikation, Investor Relations, Kundenkommunikation, Händlerkommunikation, Mitarbeiterkommunikation und weitere unterscheiden. Entlang von Nutznießern kann die Produkt- oder Branchen-Kommunikation herausgehoben werden. Als Ansätze der Unternehmenskommunikation finden das Stakeholder-Management (Anspruchsgruppenkommunikation), die

integrierte Kommunikation (sachlich, zeitlich, räumlich und instrumentell abgestimmte Kommunikation), die Corporate Identity (Kommunikation vom Selbstverständnis ausgehend), das Markenmanagement (ursprünglich hoch verdichtete symbolische Nutzenkommunikation) und die Marketing-Kommunikation (ursprünglich die marktorientierte Kommunikation im Marketing-Mix) verbreitet Anwendung. Anlassbezogen lassen sich etwa Krisenkommunikation oder Change Communications unterscheiden. Mit Krisenkommunikation und Investor Relations findet die verhaltensorientierte Unternehmenskommunikation nach und nach auch Eingang in die Corporate Governance.

Unternehmenskultur

1. *Begriff:* Grundgesamtheit gemeinsamer Werte, Normen und Einstellungen, welche die Entscheidungen, die Handlungen und das Verhalten der Organisationsmitglieder prägen.

2. *Ziel:* Wenn Reputation (Ruf) das Oberziel von Unternehmenskommunikation ist, dann bildet die Unternehmenskultur den handlungsprägenden Rahmen. Die Handlungen einer Organisation bilden zugleich die Beobachtungsfläche für Mitglieder der eigenen Organisation (Führungskräfte und Mitarbeiter) sowie Dritte (Kunden, Banken, Politik) und tragen maßgeblich zur Wahrnehmung, zum Fremdbild (Image) und damit zur Reputation bei.

3. *Instrumente:* Leitbildprozesse gelten als ein zentrales Instrument des Kulturmanagements. Diese Arbeitsprozesse unterstützen Organisationen, z.T. implizit gelebte Kulturmerkmale der Tiefenstruktur wie Selbstverständnis und Vision zu explizieren. Diese gilt es dann gegebenenfalls zu beeinflussen, indem sie vertieft oder variiert werden, um die Soll-Wahrnehmung zu prägen.

4. *Aspekte:* Unterschieden werden zentral zwei Ebenen der Unternehmenskultur: die Tiefenstruktur als handlungsprägende Ebene (Werte, Normen, Einstellungen) sowie die Oberflächenstruktur, die von Dritten beobachtbar ist. Wenn die Tiefenstruktur als handlungsprägender Rahmen

der Oberflächenstruktur arbeitet, dann muss Unternehmenskommunikation als Verhaltensmanagement dort ansetzen, um Image und Reputation nachhaltig beeinflussen zu können. Es gilt als umstritten, ob und inwieweit sich die Tiefenstruktur durch Kommunikation, Anreize und/oder Sanktionen nachhaltig verändern lässt.

Unternehmensverfassung

I. Begriff

Unter Unternehmensverfassung kann die Gesamtheit der konstitutiven und langfristig angelegten Regelungen für Unternehmen verstanden werden. Der Begriff ist seit Ende der 1960er-Jahre besonders im Zusammenhang mit der Diskussion um die Mitbestimmung und um die Weiterentwicklung des geltenden Gesellschaftsrechts zu einem Unternehmensrecht aktuell geworden. Die Unternehmensverfassung ergibt sich aus *gesetzlichen Regelungen,* besonders dem Wettbewerbs-, Kapitalmarkt-, Verbraucherschutz-, Gesellschafts-, Arbeits- und Mitbestimmungsrecht, aus *kollektivvertraglichen Vereinbarungen* wie Firmentarifverträgen und Betriebsvereinbarungen sowie *privatautonomen Rechtssetzungen* wie dem Gesellschaftsvertrag, der Satzung, den Geschäftsordnungen oder Unternehmensverträgen. Konkretisierend können *höchstrichterliche Entscheidungen* hinzutreten. Unternehmensverfassung umfasst also die *interne* formale Machtverteilung zwischen den involvierten Interessengruppen und die sie ergänzenden *extern* ansetzenden Regelungen zum Schutz von verfassungsrelevanten Interessen. Scharf davon zu trennen ist die *faktische Einflussverteilung* in Unternehmensverfassungen (Modell und Wirklichkeit), wenngleich dieses besonders für die Entwicklung und Reform der Unternehmensverfassung von höchster Bedeutung ist.

II. Grundfragen

Bei Analyse, Vergleich oder Gestaltung von Unternehmensverfassungen stehen immer zwei grundlegende Fragen zur Diskussion:

1. Welche *Interessen* sollen die Zielsetzung und Politik der Unternehmung bestimmen bzw. bestimmen sie? Bei der Beantwortung dieser Frage geht es darum, welche Interessen aus dem Kreis der prinzipiell verfassungs*relevanten* Interessengruppen der Konsumenten, der Arbeitnehmer, der Kapitaleigner und dem öffentlichen Interesse die Unternehmensverfassung konstituieren bzw. konstituieren sollen (verfassungs*konstituierende* Interessen). Rein formal kann man dann zwischen interessenmonistischen, interessendualistischen und interessenpluralistischen Unternehmensverfassungen unterscheiden. Interessenmonistische Varianten bilden die kapitalistische Unternehmensverfassung, wie sie in den handelsrechtlichen Kodifikationen des 19. Jahrhunderts ihren Niederschlag gefunden hat und noch heute die ökonomische Realität der westlichen Industrienationen prägt, und die (frühere) laboristische Unternehmensverfassung Jugoslawiens, die als Modell der Arbeiterselbstverwaltung allein auf den Arbeitnehmerinteressen gründete. Als interessendualistisch darf die Mitbestimmte Unternehmung gelten. Interessenpluralistische Verfassungen ergeben sich, wenn zusätzlich das öffentliche Interesse und/oder (partiell) Interessen der Konsumenten Verfassungsrang erhalten.

2. Welche *institutionellen Vorkehrungen* sind geeignet bzw. getroffen, die Unternehmensaktivitäten auf die verfassungskonstituierenden Interessen auszurichten? Bei der institutionellen Ausgestaltung *(Organisationsverfassung)* müssen Regelungen über Entscheidungsgremien (Art, Zusammensetzung, Wahl, Kompetenzen), über den Ablauf der Entscheidungsprozesse in den Gremien (Vorsitz, Ausschüsse, Teilnahme und Beschlussmodalitäten) und über ihre Information im Rahmen der Entscheidungsvorbereitung (Planungsinformationen) und zur Kontrolle der Resultate der getroffenen Entscheidungen (Kontrollinformation) getroffen werden. Zur Debatte stehen hier (für Großunternehmen) in der Regel die dreigliedrige Verfassungsstruktur mit Hauptversammlung, Aufsichtsrat und Vorstand oder die zweistufige Lösung mit Hauptversammlung und Verwaltungsrat bzw. Board.

III. *Wirtschaftsordnung und Unternehmensverfassung*

Sowohl für das Verständnis von existierenden Verfassungen als auch für ihre Reform ist von zentraler Bedeutung, wie das Verhältnis von Wirtschaftsordnung und Unternehmensverfassung interpretiert wird.

1. In der Sicht der klassischen *liberalen Wirtschaftstheorie determiniert* die Wirtschaftsordnung bzw. der Markt die Unternehmensverfassung (kapitalistische Unternehmensverfassung). Nach diesem Modell vollzieht sich der Interessenausgleich grundsätzlich im Markt. Das Unternehmen reduziert sich auf ein System von Vertragsbeziehungen zwischen den Produktionsmitteleigentümern und Abnehmern, Lieferanten, Arbeitnehmern und Fremdkapitalgebern. Übrig bleibt die Gesellschaft als Vertragsverbund der Kapitaleigner, die dann folgerichtig interessenmonistisch sein muss. Die Auszeichnung der Kapitaleignerinteressen ist insofern nicht willkürlich, sondern funktional für die Wohlfahrt aller. Die theoretische Begründung für diesen Zweck-Mittel-Zusammenhang lieferte die mikroökonomische allgemeine Gleichgewichtstheorie mit dem Marktmodell der vollkommenen Konkurrenz.

2. Im Lichte der neueren *Industrieökonomik* erscheint diese Interpretation des Verhältnisses von Markt und Unternehmensverfassung jedoch fragwürdig. Vor allem Großunternehmen verfügen über (nicht-triviale) Handlungsspielräume im Wettbewerbsprozess und vermögen durch unternehmensstrategisches Handeln die Marktstruktur selbst erfolgreich zu beeinflussen. Daraus folgt, dass die Unternehmung neben dem Markt ein eigenständiges Entscheidungs- und Interessenkoordinationszentrum darstellt und in ihrer verfassungsmäßigen Ausgestaltung nicht dem blanken Marktdiktat unterliegt. Die Dependenz zwischen Wirtschaftsordnung und Unternehmensverfassung hat sich so zu einer *Interdependenz* gewandelt. Genau an diesen Handlungsspielraum und Sachverhalt knüpft die Diskussion um die Weiterentwicklung der Unternehmensverfassung an.

IV. *Sonderfall*

Verfassung internationaler Unternehmungen:

1. *Problematik* (Spannungsfeld): Für internationale Unternehmungen ist die Entfaltung von Geschäftsaktivitäten in mehreren Ländern, unter globalen Gesichtspunkten und über nationale Grenzen und alle Unternehmensteile hinweg (*keine ökonomische Einheit*) problematisch. Rechtlich existieren nur nationale Gesellschaften. Wegen der *Vielfalt der nationalen Rechtskreise* existiert eine Unternehmensverfassung typischerweise *nicht*. Internationale Gesellschaften bzw. Unternehmen mit Internationaler Unternehmensverfassung sind eine atypische Rarität; sie kommen durch Staatsverträge zustande und stehen auf internationaler Rechtsgrundlage.

2. *Rechtliche Voraussetzungen* von internationalen Unternehmungen: Zum Aufbau und zur Lenkung von internationalen Unternehmungen müssen gewährleistet sein:

a) *Niederlassungsfreiheit* und *wechselseitige Anerkennung* juristischer Personen (innerhalb der EU: Art. 52, 58, 220 EG-Vertrag).

b) *Rechtliche Möglichkeiten zentraler Leitung:*

(1) Leitungsbefugnis aus *Eigentum,* wenn die Zentrale der internationalen Unternehmungen selbst Eigentümer eines Unternehmensteils im Ausland ist (Niederlassungen): Im Rahmen des Gastlandrechts kann die Zentrale von ihrer Weisungsbefugnis Gebrauch machen.

(2) Leitungsbefugnis durch direkte oder indirekte (mehrheitliche) *Beteiligung* (faktischer Konzern) an einer ausländischen Gesellschaft. Instrumente zur Durchsetzung der einheitlichen Leitung: Beschlüsse der Gesellschaftermehrheit in zentralen wirtschaftlichen Belangen mit Bindungswirkung für das Management; Recht zur Auswahl und Abberufung der Mitglieder der Geschäftsführung (Personalhoheit); Entsendung von Stammhausdelegierten; entsprechende Gestaltung der

Unternehmensstatuten (Geschäftsordnung, Geschäftsverteilungsplan, Bestellung des Vorsitzenden der Geschäftsführung).

(3) Leitungsbefugnis aus *Vertrag:* Unternehmensverträge (§§ 291, 292 AktG) zwischen Mutter- und Tochtergesellschaften:

(a) Beherrschungsvertrag: Die Konzernmutter kann dem Vorstand der Tochter direkt Weisungen erteilen, auch gegen Widerstand durchsetzen (§ 308 AktG).

(b) Konsortialverträge: Vertragliche Abmachungen zwischen den Gesellschaftern eines Unternehmens, um den Einfluss auf Unternehmenspolitik, Geschäftsführung und personelle Zusammensetzung zu sichern.

4) *Schranken der Leitungsmacht:* Durch nationale Rechte zum Schutz von Tochtergesellschaften, aus divergenten nationalen Rechnungslegungsvorschriften und aus der Vielfalt der nationalen Steuersysteme.

3. *Entwicklungstendenzen:* Konflikte mit den Interessen der Arbeitnehmer, Gläubiger, Aktionäre, Verbraucher oder sonstigen öffentlichen Interessen in Herkunfts- und Gastländern bestimmen die Diskussion über die Unternehmensverfassung von internationaler Unternehmungen. Ansätze zur Überbrückung der Diskrepanz zwischen internationaler Wirtschaftstätigkeit von internationalen Unternehmungen und nationaler Interessenkoordination und Konfliktregelung:

(1) Internationale Unternehmensverfassung;

(2) Angleichung der nationalen verfassungsrelevanten Rechtsgebiete (Europäisches Gesellschaftsrecht);

(3) Vereinbarung internationaler Verhaltenskodizes für internationale Unternehmungen.

V. *Entwicklungsperspektiven*

1. Als grundsätzliche *Strategiealternativen* zur Weiterentwicklung der Unternehmensverfassung werden sowohl der gesetzliche als auch der vertragliche Weg verfolgt. Neben der *Gesetzesstrategie,* wie sie vor allem in der Bundesrepublik Deutschland mit der Mitbestimmungsgesetzgebung

verfolgt wurde und in EG-Richtlinien zur Vereinheitlichung des Gesellschaftsrechts ihren Ausdruck findet (Europäisches Gesellschaftsrecht), gewinnt die *Vertragsstrategie,* nicht nur im europäischen Ausland, zunehmend an Bedeutung.

Beispiele: Tarifvertragliche Vereinbarung von Mitbestimmungsregelungen in Schweden, Dänemark, Belgien und der Schweiz sowie entsprechende rechtspolitische Vorschläge im Entwurf der Fünften EG-Richtlinie zur Struktur der Aktiengesellschaft und im DGB-Entwurf eines Mitbestimmungsgesetzes von 1982. Vertragliche Entwürfe zur Unternehmensverfassung bilden weiter die Partnerschaftsmodelle. Als weiteres für die Zukunft prägendes Entwicklungsmuster darf die *„Internationalisierung"* der Unternehmensverfassung durch Rechtsangleichung gelten, wie sie besonders im Rahmen der Europäischen Gemeinschaft durch Schaffung von Gesellschaftsformen wie der Societas Europaea (SE), der Societas Cooperativa Europaea (SCE) und der Europäische Wirtschaftliche Interessenvereinigung (EWIV) betrieben wird.

2. Hinsichtlich der *Interessenbezüge* der Unternehmensverfassung lässt sich ein klarer Trend hin zu *pluralistischen Strukturen* erkennen. Zahlreiche europäische Unternehmensverfassungen erfuhren eine interessendualistische Öffnung durch die Einführung der Mitbestimmung der Arbeitnehmer in Großunternehmen, die jedoch nach Intensität, Rechtsquelle und organisatorischer Ausformung eine erhebliche Bandbreite aufweist. Außer den Interessen von Kapitaleignern und Arbeitnehmern ist in einzelnen nationalen Unternehmensverfassungen (Schweden, Montan-Mitbestimmung) und Richtlinien (Europäische Aktiengesellschaft) das öffentliche Interesse als eigenständiger Einflussfaktor vertreten. Auf faktischer Ebene hat sich seit Ende der 1960er-Jahre auch in den USA durch die selektive Repräsentanz von ethnischen Minoritäten, Konsumenten, Frauen und vereinzelt von Arbeitnehmern als Outside-Directors im Board eine interessenpluralistische Unternehmensverfassung in Ansätzen herausgebildet.

3. Einen zentralen Diskussionspunkt zur *Organisationsverfassung* bildet die Frage, ob sie wie bisher nach Rechtsformen ausdifferenziert werden soll,

oder ob nicht eine einheitliche, für alle Großunternehmen *rechtsformunab-hängige* Lösung wünschenswert ist. Die deutsche Mitbestimmungsgesetz-gebung hat an der Rechtsformabhängigkeit festgehalten, obwohl Beden-ken bestehen, ob so ein produktives Interessen-Clearing zustande kommt und eine effiziente Führungsorganisation für Großunternehmen zur Verfü-gung steht. Bei *Rechnungslegung und Publizität* hingegen hat der deutsche Gesetzgeber bei Umsetzung einschlägigen EU-Rechts eine rechtsformun-abhängige Lösung gewählt (Bilanzrichtlinien-Gesetz). Für die klassische Frage der *Organisation von Geschäftsführung und Kontrolle* werden weiter-hin das Board System und das Aufsichtsratssystem als Alternative dis-kutiert. Für das Board System wird eine binnenorganisatorische Aufspal-tung in einen „Management Board" und einen „Supervisory Board" emp-fohlen. Die Vorschläge zum Aufsichtsratssystem hingegen favorisieren Ansätze (Pflichtkatalog zustimmungspflichtiger Geschäfte), die auf eine verstärkte interessen- und sachbezogene Interaktion zwischen Vorstand und Aufsichtsrat hinauslaufen. Schließlich gewinnen Fragen des *Konzerns* durch die immer weiter fortschreitende kapitalmäßige Verflechtung der Unternehmen und der zunehmenden Zahl und Bedeutung von internati-onal tätigen Firmen an Bedeutung. Der Trend - zumindest in Europa - geht dahin, nach dt. Vorbild die nationalen Aktienrechte durch konzernrechtli-che Regelungen zu erweitern, wobei zusätzlich der Schutz der abhängigen Gesellschaft deutlich verstärkt werden soll.

4. Neben den strategischen, interessenmäßigen und organisatorischen Überlegungen zur Weiterentwicklung der Unternehmensverfassung wurde in letzter Zeit die Forderung nach einer Ergänzung der Unterneh-mensverfassung durch eine *Unternehmensethik* (Corporate-Governan-ce-Kodex) erhoben. Der Sinn dieser Forderung ergibt sich aus der gesell-schaftlichen Verantwortung der Unternehmensführung sowie aus der Einsicht, dass nicht alle interessenrelevanten Problemfälle verfassungs-mäßig vorregelbar sind und insofern Verhaltenskodizes für Manager und Unternehmen entwickelt werden müssen, die zu einer Selbstbindung des

Handelns führen. Besondere Bedeutung haben in diesem Zusammenhang die Verhaltenskodizes für multinationale Unternehmen erhalten.

Unterorganisation

Eine Unterschreitung des wirtschaftlich Notwendigen und Zweckmäßigen in der Vorordnung und laufenden Gestaltung der Betriebsstruktur und des Betriebsprozesses, mit der Folge, dass kostspieligen Improvisationen ein unökonomisch weiter Spielraum gegeben wird.

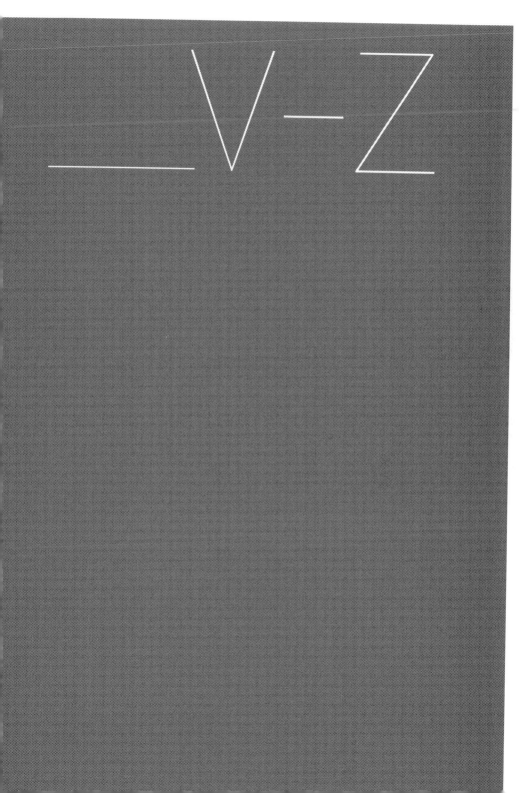

Verantwortung

1. *Begriff:* Verpflichtung und Berechtigung, zum Zwecke der Erfüllung einer Aufgabe oder in einem eingegrenzten Funktionsbereich selbstständig zu handeln. Mit der Chance zum selbstständigen Handeln verknüpft sich das Einstehenmüssen für Erfolg und Misserfolg gegenüber derjenigen Instanz, von der die Kompetenz für Aufgabe oder Funktionsbereich erteilt wurde. Häufig Synonym für *Verantwortlichkeit,* dem Einstehen für ein Tun und Lassen.

2. *Arten:*

a) *Eigen-Verantwortung:* Einstehenmüssen für eigenes Handeln.

b) *Fremd-Verantwortung:* Einstehenmüssen für das Handeln hierarchisch nachgeordneter Handlungsträger.

Verantwortungsträger

Person, die die Verantwortung für die zielgerechte Erfüllung einer Aufgabe hat. Grundsätzlich kann jede Person, unabhängig von ihrer hierarchischen Einordnung, Verantwortungsträger sein.

Verrichtungsprinzip

1. *Begriff:* Organisationsprinzip der Bereichsbildung, bei dem die Aufgabenanalyse und Aufgabensynthese nach dem Verrichtungsmerkmal einer Aufgabe erfolgt.

2. *Charakterisierung:* Bei Anwendung des Verrichtungsprinzips werden Aufgabenkomplexe in sich voneinander unterscheidende Tätigkeitsarten für gleiche Aufgabenobjekte zerlegt und gleichartige Tätigkeiten (für gegebenenfalls unterschiedliche Objekte) organisatorischen Einheiten übertragen (Verrichtungsgliederung). Das Verrichtungsprinzip führt je nach der betroffenen Hierarchieebene und je nach dem Aggregationsgrad der betrachteten Aufgabe zu unterschiedlichen Ausprägungen der Teilaufgaben. Bei einer Ausformung des Organisationsmodells nach dem Verrichtungsprinzip kann sich zum Beispiel eine Funktionalorganisation mit den Bereichen Beschaffung, Produktion, Absatz und Finanzen ergeben; bei

Segmentierung etwa des Absatzbereichs nach dem Verrichtungsprinzip zum Beispiel eine Untergliederung in Vertrieb, Marktforschung und Werbung; bei der organisatorischen Gestaltung des Produktionsbereichs die Werkstattproduktion.

Vertriebsorganisation

Absatzorganisation; Teilbereichsorganisation für den Teilbereich „Vertrieb" bzw. „Absatz". Die Hierarchieebene unterhalb der Vertriebs- bzw. Absatzleitung kann zum Beispiel nach Absatzmärkten, -kanälen oder -produkten gegliedert werden.

Zu *unterscheiden:*

(1) *Innenorganisation:* Zweckmäßige Gliederung und Zuordnung der Tätigkeiten im Unternehmen zur Steuerung und Unterstützung der Außenorganisation im Hinblick auf die Auftragserlangung.

(2) *Außenorganisation:* Alle Absatzorgane einer Unternehmung, die im direkten Vertrieb oder beim indirekten Vertrieb der akquisitorischen und physischen Distribution dienen.

Verwaltung

1. *Verwaltung im engeren Sinne:* Grundfunktion im betrieblichen Geschehen, die nur mittelbar den eigentlichen Zweckaufgaben des Betriebs (Beschaffung, Produktion, Absatz) dient, indem sie den reibungslosen Betriebsablauf durch Betreuung des ganzen Betriebs gewährleistet.

Aufgabenbereiche (Regelfall):

a) Organisation,

b) Rechnungswesen,

c) Finanzwirtschaft,

d) Personalverwaltung und

e) Sachverwaltung (Anlagenverwaltung und Materialverwaltung).

2. *Verwaltung im weiteren Sinne:* Alle Tätigkeitsbereiche innerhalb der Unternehmung, die nicht unmittelbar zum Produktionsbereich, also dem technischen Bereich, gehören.

Virtuelle Organisation

1. *Begriff:* Der Ausdruck *virtuell* kennzeichnet Eigenschaften eines Objekts, die zwar nicht real, aber (durch den Einsatz von Zusatzspezifikationen, um Beispiel eine multimediale Kommunikationsstruktur) doch der Möglichkeit nach vorhanden sind (zum Beispiel die räumliche Verbundenheit von Büroangestellten). Die virtuelle Organisation stellt eine Form der Netzwerkorganisation dar, die sich aus mehreren, eher kleinen und überschaubaren Einheiten zusammensetzt (Modularisierung) und durch einen mehr oder weniger umfangreichen Einsatz gemeinsamer Informations- und Kommunikationstechnik auszeichnet, die für das Konzept und den Erfolg der virtuellen Organisation zentrale Bedeutung besitzt. Durch die Virtualisierung soll die gesamte Wertschöpfungskette optimiert und die Ausrichtung auf individuelle Kundenbedürfnisse verbessert werden.

2. *Formen:* Es kann zwischen *intraorganisationalen* und *interorganisationalen* Formen der virtuellen Organisation unterschieden werden. Während im ersten Fall die Virtualisierung innerhalb eines einzelnen rechtlich selbstständigen Unternehmens vollzogen wird, setzt sich die (oft zeitlich begrenzt und projektbezogen gebildete) interorganisationale Form der virtuellen Organisation aus mehreren rechtlich selbstständigen Unternehmen zusammen.

Vorgabe

Setzung eines Leistungszieles als integrierender Bestandteil der Planung, die in der Stufenfolge: Schätzung, Vorgabe, Kontrolle vorgeht.

(1) Zeitvorgabe im Zeitakkord;

(2) Ausbringungssätze, Energieverbrauchssätze etc.;

(3) im Rahmen der Planung und Budgetierung; Ausgaben-, Einnahmen-, Kosten- und Erfolgswerte.

Vorgesetzter

Handlungsträger, der in der Führungshierarchie einer Instanz zugeordnet ist und damit Weisungsbefugnisse gegenüber seinen Mitarbeitern inne hat.

Weisung

Fallweise Einschränkung des Handlungsspielraums einer hierarchisch untergeordneten organisatorischen Einheit durch eine übergeordnete Instanz. Weisungen können die vorzunehmenden Handlungen mehr oder weniger detailliert vorschreiben und damit die Entscheidungsautonomie der weisungsempfangenden Einheit in unterschiedlichem Ausmaß begrenzen (Delegation). Die Erteilung von Weisungen ist mit der Übernahme von Fremdverantwortung (Verantwortung) durch den Weisungsgeber verbunden.

Weisungsbefugnis

Anordnungsbefugnis, Leitungsbefugnis, auch Befehlsgewalt; im Unterschied zum arbeitsvertraglich vermittelten Direktionsrecht die im Rahmen der Organisation durch Delegation festgelegte Kompetenz einer Instanz, hierarchisch untergeordneten organisatorischen Einheiten Weisungen zu erteilen.

Willensbildung

1. *Begriff:* In der Organisation der Prozess des Zustandekommens einer Entscheidung in organisatorischen Einheiten, in der mehrere Handlungsträger zusammengefasst sind.

2. *Arten* nach dem Ausmaß der Beteiligung sämtlicher Handlungsträger an der Entscheidung:

a) *Hierarchische Willensbildung:* Die Entscheidungen werden nach dem Direktorialprinzip getroffen.

b) *Gemeinsame Willensbildung:* Die Entscheidungen werden nach dem Kollegialprinzip getroffen.

Workflow

Beschreibung eines arbeitsteiligen, meist wiederkehrenden Geschäftsprozesses. Durch den Workflow werden die Aufgaben, Verarbeitungseinheiten sowie deren Beziehungsgeflecht innerhalb des Prozesses (zum Beispiel Arbeitsablauf und Datenfluss) festgelegt.

Workflow Management

Die Analyse, Modellierung, Simulation, Steuerung und Protokollierung von Geschäftsprozessen (Workflow) unter Einbeziehung von Prozessbeteiligten und (elektronischen) Systemen (Workflow Management System). Ziel des Workflow Managements ist die Koordination der meist großen Anzahl von Bearbeitern, die räumlich verteilt an der Lösung von Teilaufgaben des Prozesses arbeiten, sowie die Kontrolle des Prozessverlaufs, vor allem des Bearbeitungsstatus.

Zeichen

Aus geometrischen Elementen (zum Beispiel Punkt, Linie, Fläche) zusammengesetzte Merkzeichen, Formensymbole. Sehr einprägsam als Ordnungsmerkmale, verwendet zum Beispiel für die Kennzeichnung von Zusammenhängen zwischen Dingen, Tätigkeiten und Personen innerhalb der Betriebsorganisation, etwa bei Arbeitsablaufplänen.

Zentralbereich

Organisatorischer Teilbereich vor allem im Rahmen einer Spartenorganisation oder Regionalorganisation, in dem Kompetenzen für bestimmte Funktionen zusammengefasst sind. Je nach Art und Umfang der übertragenen Kompetenzen kann ein Zentralbereich als Kernbereich (Zentralbereich hat die alleinige Entscheidungsbefugnis für die aus den operativen Teilbereichen ausgegliederten Funktionen), als Richtlinienbereich (Zentralbereich trifft Rahmenentscheidungen für die Erfüllung der Funktionen in den operativen Bereichen), als Matrixbereich (Zentralbereich und operative Bereiche sind gemeinsam entscheidungsbefugt, Matrixorganisation), als Servicebereich (Zentralbereich führt Aufträge der operativen Bereiche durch) oder als Stabsbereich (Zentralbereich bereitet funktionsbezogene Entscheidungen der operativen Bereiche vor, Stab) ausgeformt sein.

Zentralisation

Zusammenfassung von Teilaufgaben bei einer Stelle nach bestimmten Aufgabenmerkmalen.

1. *Im weiteren Sinne:* Zusammenfassung von Teilaufgaben bei einer Stelle, die im Hinblick auf eines der verschiedenen Merkmale einer Aufgabe gleichartig sind, zum Beispiel nach dem Verrichtungsaspekt, dem Objektaspekt oder dem räumlichen Aspekt. Zentralisation nach einem Kriterium ergibt zugleich Dezentralisation nach den anderen Aufgabenmerkmalen. Zentralisation bewirkt eine Spezialisierung des für den Aufgabenkomplex zuständigen Handlungsträgers auf den der Zentralisation zugrunde liegenden Aufgabenaspekt.

2. *Im engeren Sinne:* Entscheidungszentralisation.

Zielhierarchie

Die Aufstellung einer Zielhierarchie kann notwendig und sinnvoll sein, wenn wegen bestehender Zielkonflikte nicht alle wirtschaftspolitischen Ziele gleichzeitig im optimalen Ausmaß erfüllt werden können. Theoretisch geht die Wirtschaftspolitik aus von den gesellschaftlichen Grundwerten (Freiheit, Gerechtigkeit, Gleichheit) als Oberziele und leitet hieraus die Unterziele bzw. operativen Ziele (Vollbeschäftigung, Preisniveaustabilität, stetiges und angemessenes Wachstum, außenwirtschaftliches Gleichgewicht, Umwelt und Sozialpolitik) ab.

Zuständigkeit

Kompetenz einer organisatorischen Einheit bzw. eines Handlungsträgers.

Zweckgliederung

Zerlegung von Aufgaben (Aufgabenanalyse) in primäre Zweckaufgaben und sekundäre Verwaltungsaufgaben (Kosiol).